Антон Семенович Макаренко

世界教育名著译丛

家庭和儿童教育

〔苏〕A.C. 马卡连柯 著

丽娃 译

Семья и детское воспитание

上海人民出版社

教育家马卡连柯

马卡连柯（Антон Семёнович Макаренко，1888—1939），苏联著名教育革新家、教育理论家、教育实践家和作家，一个崭新的教育思想体系的创建者。他的教育理论著作是他开创的社会主义教育实践的概括和升华，他的文学创作以生动的艺术形象和丰富的事实反映了他为之付出毕生精力的教育实践活动和教育理论探索，生动地体现了他的教育理想。

一、 教育活动与著作

1. 教育活动

马卡连柯 1888 年 3 月 13 日出生于乌克兰的一个铁路工人家庭。他的教育生涯大致上可以分为三个阶段，前后两个 16 年。从 1905 年至 1920 年的 16 年间他担任小学教师和小学校长；1920 年至 1935 年的 16 年间他组建了高尔基工学团和捷尔任斯基公社，从事少年违法者和流浪儿的教育工作。他在自己的教育实践中创造性地运用马克思列宁主义理论，对旧的教育思想进行革命，探索共产主义的教育理论，建立了一个崭新的教育思想体系。这一阶段他在事业上达到了光辉的顶峰。1935年至1939年的4年中，他主要从事教育理论的研究和宣传。

马卡连柯12岁时进了克列勉秋格城的一所四年制学校，以门门功课5分的优异成绩从学校毕业并进了该校附设的一年制师资训练班。1905年17岁的马卡连柯在克留科夫城的一所铁路小学担任高年级教师，开始了自己的教师生涯。根据当时的情况，即使从师范学校毕业的青年教师，也只能教初小。而马卡连柯一开始就被任命为高级小学教师，足见他的才能早已被人们刮目相看。这是一所工厂办的学校，学校里有统一的工人协会。当时正值俄国第一次革命进入高潮，由于马卡连柯本人与工人群众有着血肉的联系，他深受工人阶级革命情绪的影响，积极投身到进步工人运动中。在马卡连柯的倡导和领导下，组织了家长委员会。家长委员会实际上是进行革命活动的组织，他所在的铁路小学成了工人集会的场所，成了当地革命活动的大本营。在这一时期，马卡连柯开始接触马克思主义的著作，尤其是高尔基的作品。他把高尔基看作自己人生的第一位导师和行为的典范，把高尔基的人道主义思想作为自己处理教育问题的出发点之一和重要的思想基础。这一切对马卡连柯世界观的形成起了重要作用。马卡连柯的革命活动和进步思想使他遭到了沙皇政府的迫害，被迫离开了这所学校，于1911年去偏僻的多林斯卡亚村的铁路小学任教。1914年马卡连柯进入波尔塔瓦师范专科学校深造，1917年毕业，因成绩优异荣获金质奖章。俄国十月革命前的这段生涯，使马卡连柯一方面积累了教育、教学经验，在教学实践中与学生家长建立了密切的联系，开始形成要尊重学生个性和兴趣的人道主义思想及有关劳动教育的思想；另一方面奠定了比较扎实的自然科学、哲学、心理学与教育学的知识。这一切决定了他必然以积极的态度迎接十月革命。而十月革命的胜利又为他施展抱负、建立新的教育思想体系提供了思想基础并创造了条件，为他展示了广阔的发展空间。

师专毕业后，马卡连柯被任命为一所高级小学校长。他到任后不久便爆发了十月革命，马卡连柯怀着高尔基的那种"让暴风雨来得更猛烈些吧"的喜悦，迎接人类历史新纪元的来临。1919年他调任波尔塔瓦第二市立小学校长，开始专心致志探索新的教育方法和教育道路，实验以后在高尔基工学团和捷尔任斯基公社中所采用的教育方法。他当时就已认识到没有巩固的儿童集体，就不可能有正确的苏维埃教育，着手组织儿童，进行军事化训练。他在学校里组织了一支管弦乐队，带领学生开展校外和课外活动。他还组织学生从事农业劳动。他把全校学生分成若干小组，在花园里或菜地里工作。学生在规定时间集合在一起，马卡连柯亲自指挥，学生们举着旗，打着鼓，列队走向工作地点。开始工作前马卡连柯作简短的讲话，然后各个小组进入指定地区工作。不难看出，高尔基工学团的某些组织形式的胚胎，正是在这一时期形成的。

十月革命胜利初期，帝国主义的武装干涉和国内白匪的叛乱造成战火连绵不断,使许多青少年成了孤儿,流落街头。他们的年龄在8—18岁之间,大多数人缺乏道德观念,目不识丁,无责任感,以乞讨、偷窃、暴力,甚至卖淫为生。收容、教育这些青少年成为年轻的苏维埃共和国一项特殊的紧迫任务。1920年秋,波尔塔瓦省教育厅委托马卡连柯在离波尔塔瓦6公里处开办一个少年违法者工学团。

马卡连柯是在非常困难的条件下开始工作的。当时正值苏联国民经济处于极端困难时期,许多人食不果腹、衣不蔽体。马卡连柯刚到工学团时这里所有的一切全是破烂不堪的,所有的设备都被破坏了,甚至连果树都已被挖走,生活和教学用品一无所有;第一批学员都是犯过刑事罪的少年。马卡连柯一方面既要解决学员的吃、住、穿问题,又要同他们身上存在的懒惰、偷盗、破坏纪律等恶习作斗争;另一方面还要抵制来自某些上级和其他方面的种种压力与非难。这既是创业探索时期,又是同资产阶级教育思想进行尖锐斗争的时期。马卡连柯以自己辉煌的教育实践,表现出了一位进步教育家的胆略和大无畏精神。正是马卡连柯的这种始终如一的乐观主义,坚定了他的献身精神。他与学员们一起忍饥挨冻,喝一样的稀粥,穿同样的破衣烂鞋,有一段时间甚至领不到分文薪资,表现出了非凡的吃苦耐劳精神。马卡连柯身体力行地实践自己关于"要按新方法造就新人"的诺言,全身心地投入集体的建设中,每天工作长达十五六个小时,几乎放弃了所有的假日。

马卡连柯通过组织学员参加维护国家和社会利益的斗争,带领他们建铁工场、木工场，经营大规模农田建设，办起牧场和养猪场等，自己动手改善生活和学习条件，成立了剧团，建起了剧院，千方百计地全面提高他们的道德、文化修养水平，"矫正"这些违法者的心灵，使他们适应生活，也就是给他们"治病"。随着集体成长为共产主义青年团的集体并越来越富足，马卡连柯逐渐提高对自己的事业、对自己及儿童集体的要求，他得出了一个结论：没有违法的儿童，有的只是那些与所有人一样具有充分享有幸福生活权利的人，有的只是那些与所有人一样有才干、有能力生活和工作、有能力追求幸福和有能力成为创造者的人。后来，在捷尔任斯基公社，甚至办起了照相机厂，进行达到现代高技术水平的工业生产；公社中还有了完全中学。

出于对高尔基的崇敬，马卡连柯把少年违法者工学团改名为高尔基工学团，并与高尔基建立了密切的联系。马卡连柯在高尔基工学团的八年，是他探索和实践集体主义教育思想的时期。他建立和发展了作为主要的教育组织形式的集体，创造了新的有效的教育方法，在培养新人的过程中，克服人们意识和行为中一切旧的残余，而他本人也在探索和实践的过程中得到了锻炼和提高。1927年乌克兰国家政治保安部决定，在哈尔科夫郊区组建一个新的儿童劳动公社——捷尔任斯基公社。马卡连柯应邀筹办并兼管该机构。从1928年9月起他完全转到捷尔任斯基公社，直至1935年。捷尔任斯基公社继承并发展了高尔基工学团的经验和传统，这是一个已经有了传统、原则和方法的集体。马卡连柯在这里继续满怀信心地实践自己的教育理想，建立起了自己的教育思想体系，把自己的全部才能、精力乃至生命都献给了这个集体。

16年的呕心沥血，马卡连柯在苏联教育史上写下了光辉的一笔。他把三千多名流浪儿和少年违法者改造、教育成社会主义的建设者和保卫者，其中不乏出色的工程师、教师、医生、科学家，有的成了英雄和模范，有的在伟大的卫国战争中为国捐躯。马卡连柯为教育事业的无私奉献，也赢得了学员们对他的无限爱戴和崇敬。学员们把马卡连柯看作自己最敬重的师长，最亲爱的兄长、父亲，最亲密的朋友，看作集体中不可缺少的一员。

由于健康原因，1935年7月马卡连柯离开教育第一线，任乌克兰内务人民委员部劳动公社管理局副局长。1937年他迁到莫斯科，专门从事教育理论研究和文学创作，并经常去教师和广大群众中讲演。他经常出席各种报告会、座谈会，直接向人民群众宣传他的教育思想体系。这时的马卡连柯已是一位完全成熟了的教育家，为教育科学中的一些重大问题的解决作出了重大的贡献。这一时期马卡连柯研究的重心转向共产主义教育的一般理论和实践问题、苏联普通学校的教育问题和家庭教育问题。他始终关心着教育方面的以下一些重要问题：教育与政治、学校与社会、教育与教学、教师与学生、教育目的与方法的关系，研究如何把学生培养成有积极的爱国主义情感的公民，如何进行劳动教育和经济教育，如何在与资产阶级的和宗教的伦理道德斗争中，培养学生遵循共产主义道德原则和规范，如何培养自觉的纪律等重要问题,但他研究的中心依然是教育集体的培养问题。在这一时期他写下了大量的、不朽的论文和著作。1939年他荣获劳动红旗勋章。1939年2月,马卡连柯向苏联作家协会提交了入党申请书,是年3月被批准加入联共(布)。长期的过度劳累严重损害了他的健康,1939年4月1日因心脏病突发,马卡连柯在出差旅途中与世长辞。

2. 著作

马卡连柯教育遗产的一个显著特点是:他把教育学上的问题紧密地与工人阶级和全体劳动人民的思想意识和道德观念,与共产党的政治、苏联社会主义建设的实践联系在一起。他的遗产是很丰富的。虽然已经出版的著作达一百多种,但马卡连柯实际创作的作品远远不止这些。

马卡连柯最著名的一部著作是长篇小说《教育诗》。从1925年到1935年,马卡连柯整整耗费了10年的心血,写下了这部反映新的教育理论和实践的伟大作品。这部教育小说以高尔基工学团为原型,描写了一个教育集体的形成和新的教育理论的产生及其巩固和发展的历史,以生动的艺术形象阐明了一个统一的集体和新的教育理论具有多么强大的力量和所取得的胜利。这部小说反映了马卡连柯的生活、他在教育上曾犯过的错误和取得的成就以及他的奋斗经历。《教育诗》满怀深情地赞美伟大的十月社会主义革命及其所开创的事业,渗透了作者对人类的无限热爱,诠释了生活的意义,揭示了人类的创造性劳动的潜在力量,激发了人们对美好生活的向往和追求美的力量。作者生前《教育诗》就已有英文、法文和荷兰文译本,在国外读者中产生了巨大反响。《教育诗》问世半个多世纪以来,他的读者已遍布地球的所有角落。1956 年,苏联拍摄了根据此书改编的同名电影,更扩大了该书的影响。1957 年,《教育诗》译制片在中国各地放映,《教育诗》中所反映的崭新的教育思想和实践深深打动了中国观众的心,产生了深远的影响。

在完成《教育诗》之前,马卡连柯创作了《1930 年进行曲》。这是一部描写捷尔任斯基公社的中篇小说。《塔上旗》是描写捷尔任斯基公社的生活和工作的另一部小说。如果说《教育诗》是描写集体的产生和发展,描写对教育方法的研究和探索,那么《塔上旗》则是《教育诗》的继续,它描写一个已经巩固了的并取得了成功的集体的生活和成就。这部著作中提供并解决了许多复杂的教育理论问题。马卡连柯在自己的著作中研究如何在儿童集体的思想斗争中,在丰富多彩的愉快的劳动生活中,开展复杂的教育工作和性格的磨练,如何形成社会主义社会的人的个性。

马卡连柯在捷尔任斯基公社工作期间,接纳了一些从家庭中出走的孩子。他们有父亲、有母亲,原本有安定的生活环境。然而他们脱离了家庭,流落街头,沾染了很多不好的习气,甚至干出了一些违法乱纪的事。马卡连柯在教育这些孩子的过程中深深感到,他们是比那些流浪儿更棘手的教育对象,从而引起了他对家庭教育的重视。他到乌克兰内务人民委员部劳动公社管理局工作以后，更多地接触到了家庭教育问题。于是萌生了写《父母必读》一书的念头。他在研究家庭中出现的一些现象时发现，有时候孩子走上犯罪的道路应该归咎于家庭。他在研究家庭教育问题和研究帮助家庭进行教育工作的途径的过程中，积累了许多印象、观察、经验和思想，这些材料就成为《儿童教育讲座》的基础。

《父母必读》是马卡连柯的又一部教育小说，以家庭教育为主题。《父母必读》原计划出四卷。第一卷写的是关于作为一个集体的家庭的问题；马卡连柯计划在第二卷中谈家庭里的道德和政治教育，并适当涉及学校；第三卷谈有关劳动教育和职业选择问题；第四卷谈如何教育一个人，才能使他成为一个幸福的人。遗憾的是马卡连柯逝世前只写完并出版了第一卷。

收编进本书中的《儿童教育讲座》，是马卡连柯应全苏广播电台编辑部关于"家长教育宣传"节目的约稿撰写的。当时《红色处女地》杂志从 1937 年第 7 期起正在选载马卡连柯的《父母必读》。广播讲座（讲座名为《关于家庭中儿童教育问题的谈话》）从 1937 年 9 月开始，大约于当年 12 月结束。《儿童教育讲座》在电台播出后受到了苏联广大家长、教师、社会教育工作者和教育理论工作者的普遍重视。《儿童教育讲座》第二讲至第八讲于 1940 年 4 月至 10 月刊登在《教师报》上，其中的第二和第六讲分别于 1940 年 9 月 15 日、9 月 19 日刊登在《消息报》上。1940 年，苏联教育出版社出版了《儿童教育讲座》单行本，此后曾多次印行。它还被收编进俄罗斯联邦教科院和苏联教科院出版的《马卡连柯全集》中。《儿童教育讲座》是马卡连柯的最主要的教育著作之一。全书分八讲,它们是:家庭教育的一般条件;家长的威信;游戏;纪律;家庭经济;劳动教育;性教育;文化修养的培养。《儿童教育讲座》与马卡连柯关于家庭教育的其他著作和讲话一样,都已超出了家庭教育的范围,是对共产主义教育的一般理论和方法论作出的重大贡献。马卡连柯在重视家庭教育的特点的同时,把家庭教育的任务和手段密切地与共产主义教育的总目的和一般原则,与苏维埃公民的全部行为规范联系在一起。马卡连柯在《儿童教育讲座》中系统阐述了家庭教育的一些基本问题和原则,揭示了家庭教育的新的基础,指出了苏维埃家庭与资产阶级家庭的根本区别,在苏维埃制度下社会教育与家庭教育全新的相互关系。他在研究家庭教育的基础上,继续研究儿童和成人统一的劳动教育集体、培养道德上合理的需求、加强教育者的作用等问题,用简明的、确切的、通俗的语言阐述复杂的教育思想。马卡连柯很重视转变家长的教育态度和发挥家长在智力和实践方面的积极性,并向家长指出了创造性地进行教育的途径。在家庭教育的专门职能中,马卡连柯把学前教育、情感修养的培养、未来公民的培养推到了第一位。这部著作中的每一讲都反映了当时的家庭教育中面临的尖锐问题,这些问题对现代的家庭教育仍具有很重要的意义。

关于家庭教育问题,马卡连柯另有几篇重要讲话也收编进本书中。它们是:1938年5月9日,在莫斯科一家机器制造厂举行的《父母必读》读者座谈会上的发言《关于〈父母必读〉》;1938年7月22日,在《女社会活动家》杂志编辑部所作的讲话《家庭和儿童教育》;1939年2月8日,在伏龙芝地区教师之家会见教师时所作的报告《家庭和学校中的儿童教育》。

1934年马卡连柯被接纳为苏联作家协会会员。他认为自己的职责就是要为加强文学在新社会的建设和共产主义教育中的作用而奋斗,认为苏维埃儿童文学的主要目的是培养"完整的共产主义的个性",他在这一时期写下了许多不朽的著作。马卡连柯把教育集体看作是培养全面发展的人的基本手段。论述这一问题的著作有:《苏维埃学校里的教育问题》《学校里学生的性格教育》《我的教育经验中的若干结论》《共产主义的教育和行为》《我的教育观点》,等等。马卡连柯关于共产主义教育的理论和方法问题的观点,在他的系列讲座《普通学校的苏维埃教育问题》中,得到了比较全面的阐述。在这部著作中马卡连柯还揭示了苏维埃学校的教育目的,把教育目的与年轻一代的发展前景联系在一起。论述这一问题的专著还有《教育的目的》等。

二、 家庭教育思想

马卡连柯的教育思想极其丰富,这里仅重点介绍他的家庭教育思想。

1. 关于家庭中的集体主义教育

集体主义教育观是马卡连柯教育思想体系的基础和核心,是贯穿于马卡连柯的全部教育活动的一根红线。在儿童的家庭教育问题上，马卡连柯同样强调了集体主义教育的重要性。

马卡连柯认为，旧式的家庭是一种父权的家庭，孩子的生活完全服从父亲的意志，孩子"无法摆脱父亲的权威"，父亲滥用自己的权力，"像刚愎自用的人那样残酷地对待孩子"。在社会主义制度下家庭首先是一个苏维埃的集体，它与旧家庭的根本区别就在于此。每个苏维埃家庭"都是由享有平等权利的社会成员构成的集体"，家长与儿童的区别"在于家长领导着家庭，儿童在家庭中接受教育"。儿童将成长为怎样一个人，取决于儿童本人的能力和所受的教育。为了使家庭教育得以顺利进行，马卡连柯要求家长们懂得，第一，在家中他们"不是绝对的、不受任何约束的主人，而只不过是集体中一位年长的、负有责任的成员"。家长必须从孩子幼年起，在孩子的一举一动中，在孩子的游戏中培养他集体生活的习惯，不可让孩子成为家中的"暴君"，不可让孩子成为"利己主义者"。第二，家长要为自己的家庭，为自己的孩子对"苏维埃的法律承担责任"。每个做父母的都应严肃地对待自己的生活，任何移情别恋造成的家庭的破裂都会病态地反映到儿童的教育上。马卡连柯规劝那些经常吵吵闹闹的家长们，"如果家长真正爱自己的孩子并想尽可能好地教育他们……就应该尽量不使彼此之间的不和睦发展到分裂，从而不把孩子置于最困难的境地"。马卡连柯认为，家庭集体的完整和团结一致，是正确地、有效地开展家庭教育的基本条件。第三，家长不应把家务事与自己的社会工作截然分开。家长应通过自己的心灵、自己的思想，把国家和自己所在单位发生的事情，把自己在工作中取得的成就、为国家作出的贡献，把自己的喜怒哀乐传达给孩子，让孩子产生兴趣，让孩子为家长对社会作出的成就感到自豪，从而把孩子从小就融入社会的大集体中。第四，家长是家庭集体的领导成员，他必须以身作则，"父母对自己的要求，父母对自己家庭的尊重，父母对自己的一举一动的检点——这就是首要的和最主要的教育方法"。在家庭教育中是没有任何灵丹妙药的，需要的是最严肃、最朴实、最真诚的态度。第五，"教育工作首先是组织者的工作"。家庭教育工作的实质不在于家长对孩子的直接影响，而在于家长是如何组织自己的家庭、自己的个人生活和社会生活，如何组织孩子的生活。在家庭教育工作中是没有小事的，家长必须十分关注小事情，正是这些小事情每天、每时、每刻都在起着作用，组成日常的生活。家长最重要的任务就是指导这种生活，组织这种生活。

2. 关于家长的威信

没有威信就不可能进行教育。在孩子的心目中父母的威信就是父母的价值与力量所在。有些家长错误地认为，孩子听话就说明家长有威信，于是为了达到听话的目的而去得到让孩子听话的结果，追逐自己的威信，从而培养出懦弱的孩子，培养出虚伪的、不诚实的、自私自利的人。马卡连柯在《儿童教育讲座》中分析了几种建立在这种错误基础上的威信，这些虚假的威信就是：(1)以高压获得的威信，(2)以妄自尊大获得的威信,(3)以迂腐获得的威信,(4)以说教获得的威信,(5)以爱获得的威信,(6)以善良获得的威信,(7)以友谊获得的威信,(8)以收买获得的威信,等等。虚假的威信尽管有着形形色色的表现,但都是"以故意做作为原则,力图用任何手段制造'听话'的假象"。马卡连柯指出,威信和听话不可以作为目的,而目的只有一个,那就是正确的教育。让孩子听话仅仅是达到这个目的的途径之一。家长真正的威信的基础在于家长的生活和工作、家长的公民责任感,在于家长对孩子生活的了解和帮助以及对孩子教育的责任心。马卡连柯认为真正的威信应该是以了解、以帮助、以责任心获得的威信。家长应该了解自己的孩子的生活乐趣是什么,他的朋友是谁,他与谁一起玩,他在读什么书,他在学校中的表现,等等。家长应该设法让孩子主动告诉自己这一切,而不是通过喋喋不休的盘问得到有关的信息。家长了解和关心孩子,从而就能得到孩子的尊重。以了解获得的威信必然会导致以帮助获得的威信。这种帮助可以以直接忠告的形式、开玩笑的形式、吩咐的形式,甚至命令的形式出现。在必要的时候可以让孩子自己去摆脱困境,养成克服困难的习惯。责任是家长威信的一个重要方面。要让孩子明白,家长为自己也为孩子对祖国承担着责任,因此,对孩子的帮助和要求的基础就是责任心。

3. 关于百分之百成功的教育

马卡连柯的两个观点是每一位家长、每一位教育工作者都应该予以充分重视的。

第一，马卡连柯强调了早期教育的重要性，他认为，必须从孩子诞生后就开始对他进行正确的教育，对一个人的教育的成功与否取决于5岁以下的幼儿期，教育的主要基础是在5岁前打下的。如果孩子在5岁前没有得到"应有的教育，那么以后就不得不进行再教育"。马卡连柯认为，这种再教育工作需要花费更多的时间，需要更多的知识，更大的耐心，并非每个家长都能胜任。这项工作非但更困难，而且是痛苦的；即使取得了成功，也经常使家长忧伤，损伤他们的神经，往往会扭曲家长的性格。因此，马卡连柯忠告每位家长要始终做好教育工作，力争在一开始就把一切都做对。

第二，马卡连柯坚定地认为，在儿童的教育中不允许有任何一个不合格品，"不许有1%的不合格品，不许有一个被断送了的生命"。因此，家长和每个教育工作者都必须有高度负责的精神，不使任何一个儿童由于不良的教育而成为废品。

4．关于教育中的尺度与分寸

马卡连柯强调进行教育工作并不需要什么特殊的天赋，教育工作也不是什么很困难的事情，只要具有健全的理智就可以了，健全的理智表现为善于掌握尺度与分寸。一方面家长本人要善于掌握尺度与分寸，另一方面要从小培养孩子学会掌握尺度与分寸。

马卡连柯直截了当地说，对孩子的爱需要有"一定的限度，就像奎宁和食物一样，谁也不可能吃下 10 公斤面包，并为自己的好胃口自豪。爱也需要限度，需要有分寸"。爱，是人类最伟大的情感，它能创造奇迹，创造新人。但是，爱超过了限度就成了溺爱，成为"制造废品"，也就是"造就拙劣的人"的原因。很难找到不考虑和不希望孩子幸福的家长，甚至有的家长为了儿女的幸福准备放弃自己的幸福，准备牺牲自己的幸福。然而，马卡连柯尖锐地指出："这是家长所能给予自己的孩子的最可怕的礼物。关于这种可怕的礼物可以这样说：如果您想毒死您的孩子，给他大剂量地喝您自己的幸福吧，他就会被毒死。"马卡连柯用生动的事实说明盲目的母爱把母亲变成了孩子们的女仆，以孩子为中心的家庭正在把孩子变成家庭的暴君。家长应该培养孩子去追求为父母带来幸福，在孩子的眼中父母应首先有权享受幸福。马卡连柯说："必须教育孩子关心父母，培养孩子产生一种纯朴的自然的愿望，让他们在父亲或母亲的愿望没得到满足之前，自愿放弃自己的欲望。"

　　具有分寸感，善于掌握尺度，是一个十分重要的问题。家长要善于掌握对孩子慈爱与严厉的尺度；在干预孩子生活的程度上家长既要放手，给予孩子必要的自由，但这种自由又必须有一定的限度。家长既要发展孩子的主动性，让他有可能随机应变，进行一定的"冒险"，又不可以放任不管，不可以让孩子习惯于过一种随心所欲的"不受监督的生活，习惯于不受监督地思考和作决定"。必须培养孩子坚强的意志。坚强的意志不仅仅是想什么就得到什么的本事，还是一种迫使自己拒绝不需要的东西的能力。马卡连柯正确地指出："意志——这不单纯是欲望和欲望的满足,这还是欲望和制止、欲望和拒绝的同时并存。如果您的孩子只练习实现自己的欲望而不练习遏制自己的欲望,他就不会有坚强的意志。没有制动器就没有机器,没有遏制也就不可能有任何意志。……必须培养孩子具有遏制、制止自己的能力。"

5. 关于纪律与制度

马卡连柯认为,纪律是教育的结果,而制度是教育的手段。"纪律不是靠某些个别的'惩戒'措施形成的,而是由整个教育体系,全部生活环境、儿童受到的所有影响造就的。……纪律不是正确的教育的原因、方法和方式,而是正确的教育的结果。"守纪律的人"在任何条件下都始终善于选择正确的行为,选择对社会最有益的行为,也能坚定地持之以恒,不管会遇到什么样的困难和不愉快"。一个人能愉快地去做自己不愿做的事,他就是一个守纪律的人。

为了培养出守纪律的人,必须做许多工作,其中包括建立合理的制度。家庭的生活制度是因时、因地、因人而异的,不可能是千家一律的、一成不变的。家长在制定家庭的生活制度时,首先要考虑制度的合理性和目的性,必须尽可能地让孩子自己去理解为什么需要制定这样的制度,并且重要的是让孩子经常去练习正确的行为,牢固地形成好的习惯。制度还必须具有确定性,不可朝令夕改,家长必须监督孩子认真执行,而且要求孩子做到的家长自己首先应该做到。制度的主要目的是积累正确的纪律方面的经验,有了正确的制度就不再需要惩罚。马卡连柯提请家长们注意："没有正确的制度，惩罚本身不能带来任何好处。而如果有了好的制度，即使没有惩罚也能如鱼得水，只是需要更多的耐心。"

马卡连柯在自己的关于家庭教育的论著和讲话中，还对儿童的游戏，对儿童的劳动教育、经济教育、性教育和文化修养的培养等重要问题，都进行了深入的分析，提出了有独到见解的观点。虽然马卡连柯发表这些观点距今已有六十多年的历史了，但今天来阅读这些著作，仍能感觉到它们是多么地适合我们的时代，对今天的父母如何正确地进行家庭教育，尤其对独生子女的教育，具有多么重要的指导意义。

丽　娃

2005 年 2 月 23 日

目 录

儿童教育讲座 *

第一讲　家庭教育的一般条件

亲爱的家长们,苏联公民们:

儿童的教育,是我们生活中最重要的一个方面。我们的孩子是我

(转下页)

们国家未来的公民，也是世界未来的公民。他们将创造历史。我们的孩子是未来的父亲和母亲，他们也将成为自己的孩子的教育者。我们的孩子应该成长为优秀的公民，出色的父亲和母亲。但这还不是全部：我们的孩子——还是我们的晚年。正确的教育——这是我们幸福的晚年；而不好的教育——这将是我们的痛苦，将是我们的泪水，这是我们对其他人，对整个国家犯下的罪过。

亲爱的家长们，首先你们应该永远牢记这件事情的重要性，牢记你们对此所承担的重大责任。

今天我们开始有关家庭教育问题的系列谈话。[1] 以后我们将详细谈论教育工作的各个细节：谈谈纪律和家长的威信，谈谈游戏、饮食和衣着，谈谈礼貌，等等。讨论所有这些方面都是非常重要的，因为它们涉及的是有效的教育工作方法。但是在讨论这些问题之前，请你们注意几个具有普遍意义的问题，这些问题与教育的所有方面、所有细节有关，是必须永远牢记的。

首先请你们注意我下面要说的这一点：正确地、规范地教育孩子比对孩子进行再教育要容易得多。从童年早期就开始正确地进行教育——这根本不像许多人以为的那样困难。就其难度而言，这是每个人，每个父亲和每个母亲都力所能及的事情。每个人都能够不费力地

（接上页）这部著作的结构是这样的：每一讲都反映尤其在当时家庭教育中面临的尖锐问题，这些问题对现代的家长教育仍具有很重要的意义。马卡连柯在批评教育家"笨拙的"语言的同时，自己善于用简明的、确切的、通俗的语言阐述复杂的教育思想。——俄文本编者注

教育好自己的孩子，只要他确实愿意这样做，更何况这是一件愉快的、愉悦的、幸福的事情。而再教育则完全是另一回事。[2] 如果您的孩子没有得到正确的教育，如果您有点疏忽了，对他关心不够，其实常常是出于偷懒，对孩子不管不顾，那时候就必须对许多东西进行改造和矫正。而这种矫正工作，再教育工作，就不是那么容易的事情了。再教育工作需要花费更多的精力，需要有更多的知识，更大的耐心，并非每个家长都能做到这一切。常常有这样的情况，即家庭再也没有能力去应付再教育工作中遇到的困难，不得不把儿子或女儿打发到工学团去。然而工学团往往也无能为力，于是他们将成为品行不十分端正的人进入社会。即使有改造工作奏效的情况，这个人走进了生活，参加了工作。所有的人都看着他，所有的人都很满意，家长也是这样。但是任何人都不愿意计算一下，已造成的损失究竟有多大。如果这个人从一开始就受到正确的教育，他从生活中获取的东西就会更多，他就能成为更有力量的人、更有教养的人进入社会，而这就意味着他将成为更幸福的人。不仅如此，再教育和改造——这项工作非但更困难，而且是痛苦的。这样的工作即使取得了圆满的成功，也经常会使家长忧伤，损伤他们的神经，往往会扭曲家长的性格。

关于这一点，忠告家长们永远牢记在心，希望家长们要始终做好教育工作，力争将来不必再做任何改造工作，力争从一开始就把一切都做对。

家庭工作中许许多多错误的产生，往往是由于家长们似乎忘记了他们生活在什么时代。一般来说,在工作单位里,在生活中,在社会上,家长们的表现往往都不愧是好的苏联公民,是新的社会主义社会的成员;然而在家中,在孩子们中间,他们仍按照老的习俗生活。当然不可以说,在革命前的旧式家庭中所有的一切都是坏的,旧式家庭中有许多东西还是可取的,但是,必须永远牢记,我们的生活与旧时代的生活是根本不同的。必须记住,我们生活在无阶级的社会[3]中,这样的社会暂时只存在于苏联,我们正在与垂死的资产阶级展开重大的斗争,正在展开大规模的社会主义建设。我们的孩子们应该成长为积极的和自觉的共产主义建设者。

家长们应该考虑,新的苏维埃式的家庭与旧式的家庭的区别在哪里。在旧式的家庭中,例如,父亲的权力更大,孩子们的生活完全服从父亲的意志,他们无法摆脱父亲的权威。许多父亲滥用这种权力,像刚愎自用的人那样残酷地对待孩子。国家和东正教教会对这种权力加以维护,因为这有利于剥削者的社会。在我们的家庭里则是另一种情形。例如,我们的姑娘不再等待父母为她寻找未婚夫……但是我们的家庭还是应该对自己孩子们的情感进行指导。我们在指导孩子们的情感方面显然已不能采用旧的方式,而应该寻找新的方式。

在旧社会中,每个家庭都从属于某一个阶级,这个家庭的孩子通常也就属于这个阶级。农民的儿子通常也务农,工人的儿子便也是工人。而我们的儿童有着非常广阔的选择天地。对这种选择起决定作用的不是家庭的物质条件,而是完全取决于儿童本人的能力和所受的教育。

因此,我们的孩子们拥有前所未有的广阔的天地。关于这一点,父亲们知道,孩子们也知道。在这样的条件下父亲的任何独断专行简直都是不可能的。现在需要向家长们介绍更细腻、更慎重、更机智的指导。

家庭不再是父权的家庭。我们的妇女拥有与男人同样的权力,我们的母亲拥有与父亲同等的权力。我们的家庭不再服从父亲的独裁,而是一个苏维埃集体。在这个集体中父母拥有一定的权力。这些权力来自哪里?

在旧时代人们认为,父亲的权力是上天赋予的,这符合上帝的意愿,圣训中专门有关于服从父母的戒律。在学校中神父们解释这条戒律,对孩子们说,上帝是如何惩罚那些不尊敬父母的孩子的。在苏维埃国家中我们不欺骗孩子。但是我们的家长们要为自己的家庭,对整个苏维埃社会和对苏维埃的法律承担责任。因此我们的家长们拥有某些权力,并且在自己的家中应该具有威信。虽然每个家庭都是由享有平等权利的社会成员构成的集体,家长与儿童的区别仍然在于家长领导着家庭,儿童在家庭中接受教育。

关于所有这一切,每个家长都应该有非常清醒的认识。每个人都应该懂得,在家中他不是绝对的、不受任何约束的主人,而只不过是集体中一位年长的、负有责任的成员。如果很好地理解了这一思想,那么一切教育工作就都能正确地进行。

我们知道,并非所有的人都能同样顺利地进行这项工作。这是由许多原因造成的。首先是由于采用了正确的教育方法。但是很重要的一个原因是家庭自身的组织和结构。这一结构在一定程度上处于我们自己的控制之中。例如,可以肯定地说,教育独生子或独生女要比教育几个孩子困难得多。[4]即使家庭在物质生活上有一定的困难,在这种情况下也不应该仅仅只生一个孩子。独生子女很快成为家庭的中心。集中到这一个孩子身上的父亲和母亲的关怀,往往会超出有益的范围。在这种情况下父母的爱在一定的程度上带有神经质。这个孩子病了或死了,会给这个家庭带来极大的痛苦,对这种不幸的恐惧总是压在做父母的心头,剥夺了他们应有的平静。独生子女很容易习惯自己的特殊地位,变成家中真正的暴君。做父母的往往很难遏制自己对孩子的爱和关怀,不管他们愿意还是不愿意,他们正在培养利己主义者。

只有在有几个孩子的家庭中,父母的关心才可能正常。父母的关怀平均地分配给这些孩子。在大家庭中儿童从幼年起就习惯于集体生活,获得相互联系的经验。如果在家中有大孩子和小孩子,在他们之间就会形成各种形式的爱和友谊的经验。这样的家庭生活为孩子提供了处理各种类型的人际关系的机会。这些孩子在生活中所经历的东西在独生子女的生活经验中是找不到的:爱哥哥和爱弟弟(这是两种很不相同的情感);养成与兄弟姐妹交流的技能,养成同情他们的习惯。且不说在大家庭中的孩子的一举一动,甚至在游戏中,都在养成集体生活的习惯。所有这一切对苏维埃教育正是非常重要的。这个问题在资产阶级家庭中不具有这种意义,因为在那里整个社会是建立在利己主义原则之上的。

另一种情况是不完整的家庭。如果父母不生活在一起，如果他们离婚了，这就会病态地反映到儿童的教育上。孩子常常成为父母间争吵的对象，父母间公开地彼此仇恨，而且毫不回避孩子。

我们要规劝那些不知为了什么而抛弃了对方的家长，你们在吵架时，在意见发生分歧时，要更多地为孩子着想。不管什么样的分歧都可以更委婉地解决，自己对前妻或前夫的不快和仇恨都是可以瞒过孩子的。抛弃了家庭的丈夫想继续很好地教育孩子，自然是很困难的。如果他不能对自己的旧家产生有益的影响，那么最好还是尽量让这个旧家把他彻底忘记，这样做才更诚实一些。当然，他仍然应该承担自己对被抛弃的子女在物质上的义务。

关于家庭结构问题，这是一个很重要的问题，必须非常自觉地对待它。

如果家长真正爱自己的孩子，并想尽可能好地教育他们，他们就应该尽量不使彼此之间的不和睦发展到分裂，从而不把孩子置于最困难的境地。

必须严肃对待的另一个问题，是教育目的问题。某些家庭完全不考虑这个问题：父母只是与孩子生活在一起而已，家长希望一切都不费力地得到。家长既没有明确的目的，也没有一定的计划。在这样的情况下出现的结果，自然总是偶然得到的，这样的父母最后常常会感到奇怪，为什么他们的孩子会变成一个坏孩子。如果不知道想达到什么目的，那么，任何事情都不可能做好。

每个父亲和每个母亲都应该很好地知道，自己究竟想把孩子培养成什么样的人。应该清楚地了解自己作为家长的愿望。您是否想培养真正的苏维埃国家的公民，培养有知识的、有毅力的、诚实的、忠于自己的人民和革命事业的、热爱劳动的、朝气蓬勃的、有礼貌的人？或者您想把您的孩子培养成庸人，成为贪婪的、怯懦的、有点狡诈而浅薄的投机者？请下点功夫好好想一想这个问题，哪怕是暗暗地思考，您也会马上发现您犯过的许多错误，发现前面有许多正确的道路。

同时您也应该永远记住，您生养儿女并且教育他们，不只是为了得到当父母的快乐。在您的家中，在您的指导下，未来的公民、未来的活动家、未来的战士正在成长。如果您搞错了，您将培养出一个不好的人，由此而产生的痛苦不仅是您个人的，还将给许多人，给整个国家带来痛苦。请不要回避这个问题，不要认为这是讨厌的老生常谈。在你们的工厂里，在你们的机关里，难道你们不为生产出废品而不是好产品而感到羞耻吗？对你们来说，交给社会的人是不好的或有害的，这应该是更令人感到羞耻的事。

这个问题具有很重要的意义。只要您认真思考一下，许多关于教育的谈话就会变成多余的，您自己也会发现您应该做些什么。然而恰恰是许多家长没有考虑过这个问题。他们爱自己的孩子，让孩子尽情地享受与自己的伙伴的交往，甚至吹嘘自己的孩子，打扮他们，完全忘记了他们所肩负的对未来公民成长的道德责任。

一个父亲本人就不是好公民，他根本不关心国家的命运、国家的斗争、国家的成就，对敌人的袭击无动于衷，这样的父亲能考虑这个问题吗？当然不能。不过，关于这样的人不值得谈论，因为这样的人在我们国家是很少的……

但是有另外一种人。他们在工作时，在与其他人相处时感觉到自己是个公民，但在处理家务事时却没有这种感觉：他们在家里或者沉默寡言，或者相反，行为完全不像苏维埃公民。在您开始教育自己的孩子之前，请先检查一下自己的行为。

不可以把家务事与社会工作截然分开。您对社会或对工作的积极性应该在家庭中得到反映，您的家庭应该看到您的政治面目和公民面目，不应把它与父母的面目割裂开来。国家发生的所有事情应该通过您的心灵、您的思想传达给孩子们。您的工厂中发生的事情，不论是让您高兴的还是让您忧愁的，都应让您的孩子们也对它们产生兴趣。他们应该知道，您是一位社会活动家，他们应该为您，为您取得的成绩，为您对社会作出的功绩而感到骄傲。如果孩子们懂得了骄傲的社会本质，如果他们不只是为您的漂亮的西服、汽车和猎枪而感到骄傲，只有在这种情况下这种骄傲才能成为健康的骄傲。

您自己的行为，是最具有决定性意义的东西。不要认为，只有当您与孩子谈话，或教导他，或命令他的时候您才在教育孩子。在您生活中的每一时刻，即使您不在家的时候，您都在教育着孩子。您怎样穿衣服，您怎样与别人交谈和怎样谈论别人，您怎样高兴和忧愁，您怎样对待朋友和敌人，您怎样笑，怎样读报——所有这一切对孩子都具有重要意义。孩子能发现并感觉到语调中的细微的变化；您思想上的所有转变，都会通过无形的途径传达给孩子，而您却没有察觉。如果您在家里很粗暴，或者爱吹牛，或者酗酒，甚至更坏，您侮辱孩子的母亲，那么您就不必再考虑教育问题了：您已经在教育您的孩子们了，而且在教坏他们，任何最好的忠告和方法对您都是无济于事的。

父母对自己的要求，父母对自己家庭的尊重，父母对自己的一举一动的检点——这就是首要的和最主要的教育方法！

然而有时候会遇到这样的家长，他们认为只要找到某种最灵验的教育儿童的方法，于是就完事大吉了。按照他们的意见，如果把这个方法交给一个最懒的懒汉，他借助于这个方法也能培养出勤劳的人；如果把这个方法交给一个骗子，这个方法将帮助骗子培养出一个诚实的公民；这个方法到了说谎者手中也会出现奇迹，儿童会成长为正直的人。

这样的奇迹是不会有的。如果教育者自己的个性中存在着严重的缺点，任何方法都帮助不了他。

因此必须重视这些缺点。至于灵丹妙药，那么应该永远牢记，教育上的灵丹妙药是根本不存在的。遗憾的是有时仍能遇到那些相信灵丹妙药的人。一些人想出了特殊的惩罚，另一些人想采用某些奖励，第三种人在家里竭尽全力用扮演丑角的方法来逗乐孩子，第四种人用许诺来收买孩子。

教育儿童需要的是最严肃的、最朴实的、最真诚的态度。这三种品质应包含您的生活的最高真谛。搀杂些微的虚伪、做作、嘲讽、轻率，都注定会使教育工作失败。这决不意味着您应该整天紧绷着脸、端着架子。只需要您成为真诚的人，让您的情绪适合您家中正在发生的事情的时刻和实质。

所谓的灵丹妙药会妨碍人们去认识自己面临的任务，灵丹妙药起初让家长们开心，随后就浪费他们的时间。

然而有许多家长是多么喜欢抱怨时间不够啊！

家长能经常与孩子们在一起当然就更好，如果家长根本看不到孩子那就很不好。但是还是有必要说明，正确的教育并不要求家长寸步不离自己的孩子。这样的教育只能给孩子带来危害，会助长孩子性格中的消极性。这样的孩子过分习惯成人的社会，他们在精神上的成长也太快。家长喜欢为此而洋洋自得，但以后就会知道自己犯了错误。

您应该很好地知道，您的孩子在做什么，他在哪里，他周围有些什么人；但您也应该给他必要的自由，使他不仅处于您个人的影响之下，还处于生活的丰富多彩的多种影响之下。同时，您不要认为您应该小心翼翼地把您的孩子与消极的影响，甚至敌对的影响隔绝开来。要知道，在生活中儿童总归要接触到各种各样的诱惑，接触到异己的人和有害的人及情况。您应该培养儿童对这样的人和事进行分析及与之斗争的能力，及时认识他（它）们的能力。在温室中进行教育，长期生活在与人隔绝的环境中，是培养不出这种能力的。因此，让您的孩子们接触各种各样的环境当然是完全应该的，但任何时候都不可以放任不管。

对儿童必须给予及时的帮助，及时的制止，及时的指导。因此需要您做的仅仅是经常地修正儿童的生活,而根本不是所谓的那样牵着孩子的手。关于这个问题,以后我们还将更详细地说到,现在我们之所以谈到它只是因为谈到了时间问题。教育并不需要花费很多时间,而需要合理地利用少量的时间。我再重复一遍:随时都在进行着教育,即使您不在家时。

教育工作的实质根本不在于您与孩子的谈话,也不在于您对孩子的直接影响,而在于组织您的家庭、您的个人生活和社会生活,在于组织孩子的生活,关于这一点大概您自己也已猜到了。教育工作首先是组织者的工作,因此在这项工作中是没有小事的。您没有权利把任何事称作小事,并将它置诸脑后。您把您的生活中,或您的孩子的生活中的某种东西看作是大事,并把您的注意力全部集中在这样的大事上,而把其他所有的事全都弃之一旁,这将是一个可怕的错误。在教育工作中是没有小事情的。您在小姑娘的头发上打一个什么样的蝴蝶结,这样或那样的帽子,某一种玩具——所有这些都是在儿童的生活中具有最重大意义的东西。好的组织工作就是不忽略最细小的细节和小事。琐碎的小事每天、每时、每刻都在经常地起着作用,生活就是由无数的小事组成的。指导这种生活,组织这种生活,这将是您的最重要的任务。

在后面的几次谈话中,我们将较详细地研究家庭教育工作的一些方法。今天的谈话是个开场白。

我们来简要地概括一下今天所讲的。

应该力争进行正确的教育，使以后不必进行再教育，再教育是困难得多的事情。

应当明白，您正领导着新型的苏维埃家庭。应尽可能使这种家庭的结构合理。

必须向自己提出教育工作的明确目的和计划。

应该永远记住，孩子不仅是您的快乐，他还是未来的公民，您要为他向国家负责。首先应该自己成为一个好的公民，并把自己的公民自我感觉注入家庭。

应该对自己的行为提出最严格的要求。

不应寄希望于任何灵丹妙药、奇方异术。为人应该严肃、朴实和真诚。

不要指望大量地耗费时间，应该善于指导孩子，而不要让他与生活隔绝。

教育工作中最主要的是要组织好家庭生活，要十分关注小事。

第二讲　家长的威信

在上一讲中，我们谈到了苏维埃家庭与资产阶级家庭的许多不同，区别首先表现为家长的权力在性质上的不同。我们的父亲和我们的母亲受社会的全权委托，培养我们祖国未来的公民，他们要对社会负责。他们所拥有的家长的权力和他们在孩子心目中的威信就是建立在这一基础之上的。

但是，在自己的家里经常以社会赋予的这种权力为托辞，向孩子证明家长的权力，这实在是不合适的。当儿童尚处于还根本不可能对他们进行逻辑论证和提出社会权利的年龄时，对他们的教育就已开始了。即使这样，教育者没有威信也是不行的。

最后，威信本身的意义就在于它不需要任何论证，它是作为不可怀疑的长者的尊严被接受的；可以说，在儿童天真的心目中，威信被看作家长的力量和价值。

在孩子的心目中父亲和母亲应该具有这种威信。常常会听到这样的问题：如果孩子不听话，该拿他怎么办？而这个"不听话"本身就表示家长在儿童的心目中没有威信。

家长的威信来自哪里呢？怎样才能形成这种威信？

那些"不听话"的孩子家长往往认为威信是天赋的，这是一种特殊的天才。如果不具备这种天才，那就什么也办不了，只能去羡慕那些有这种天才的人。这些家长想错了。在每个家庭中都可以建立威信，这根本不是一件很困难的事。

遗憾的是，有些家长把这种威信建立在错误的基础上。他们竭尽全力去让孩子听他们的话，这就是他们的目的。而实际上这是个错误。威信和听话不可以作为目的，目的只有一个，那就是正确的教育。只应该去追求这个唯一的目的。让孩子听话可能仅仅是达到这个目的的途径之一。那些家长恰恰不考虑教育的真正目的，而是为了达到听话的目的去得到让孩子听话的结果。如果孩子听话，家长的日子就过得安宁一些。而这安宁本身就是他们的真正目的。事实上无论是安宁还是听话，都不能保持长久。建立在错误基础上的威信只能在很短的时间内起作用，很快一切就土崩瓦解，既没有威信，也没有听话。常常也有这样的家长，他们取得了让孩子听话的结果，而因此忽视了教育的其他所有目的：确实培养出了听话的孩子，然而是一个懦弱的孩子。

这种虚假的威信有许许多多样式，我们在这里或详或略地分析其中的十来种。希望经过这种分析之后，将较容易地搞清楚，真正的威信应该是怎样的。现在让我们开始吧。

以高压获得的威信　这是一种最可怕的威信，虽然不是最有害的。有这种缺点的更多的是父亲们。如果父亲在家里总是吼叫，总是发脾气，为了任何一件小事而大发雷霆，不管在合适还是不合适的场合下举起棍棒或皮鞭，粗鲁地回答每一个问题，惩罚孩子的每一个过错，这就是高压下的威信。父亲制造的这种恐怖使整个家庭处于恐慌之中：不仅孩子，而且母亲都惶惶不安。这种威信的危害，不仅是因为它使孩子感到害怕，而且使母亲的存在化为乌有，使她只能充当一个女仆。无需证明这种威信是多么的有害。这种威信不能起任何教育作用，它只能使孩子养成离可怕的爸爸更远一些的习惯，它引起儿童的虚伪和人性的懦弱，同时它在儿童的心中孕育残忍性。这样被打怕了的和没有自由的孩子，将来或者长大成为讨厌的、毫无用处的人，或者成为任性胡闹的人，在自己的整个一生中报复儿童时期所受到的压迫。这种最野蛮的威信通常只存在于没有文化的家长中间,幸好近来它正在消亡。

以疏远获得的威信　有这样的父亲和母亲,他们真心诚意地相信,为了让孩子听话,就应该少与他们交谈,离他们更远一些,时不时地以长官的面貌出现。在某些旧知识分子家庭中特别喜欢这种类型的威信。在这样的家庭里,父亲有一间单独的书房是司空见惯的事,他有时摆出一副主教的架子,从书房中出来。他一个人吃饭,一个人娱乐,甚至他对托付给他的家人的命令也要通过母亲传达。也常常有这样的母亲,她们有自己的生活,自己的兴趣,自己的思想,把孩子交给祖母,甚至保姆照管。

不用说,这样的威信不会带来任何好处,这样的家庭也不能称作苏维埃家庭。

以妄自尊大获得的威信　这是以疏远获得威信的一种特殊形式,但可能是一种更有害的威信。苏维埃国家的每个公民都有自己的功绩。但是有些人认为,他们的功劳最大,是最重要的活动家,并处处显摆这种重要性,向自己的孩子们炫耀。他们在家里比在工作单位更摆架子,更大吹大擂,他们所做的只是谈论自己的优点,高傲地对待其他的人。孩子因此也开始自吹自擂起来,父亲却为此而感到震惊,这种情形是常有的。孩子们在同学面前尽说些吹嘘的话,他们动辄就说:我爸爸是首长,我爸爸是作家,我爸爸是军官,我爸爸是名人。在这样的妄自尊大的气氛中,骄傲的爸爸已不可能搞清楚他的孩子将走向哪里,他将培养出一个什么样的人。母亲也有这样的威信:有一条特别的裙子,结识某个重要人物,去疗养胜地旅行,所有这一切都可以成为她们炫耀的理由,成为她们疏远其他人,疏远自己的孩子的理由。

以迂腐获得的威信　在这种情况下家长更多地注意孩子,更多地工作,但像官僚主义者那样地工作。他们坚信,孩子应该战战兢兢地听家长的每一句话,父母的话是神圣的。他们用冷冰冰的语调发布命令,而且命令一旦发出,就立即变成法规。这样的家长最害怕孩子会想到爸爸错了,爸爸不是个坚强的人。如果这样的爸爸说:"明天会下雨,不可以出去玩。"那么,明天即使风和日丽,所有的人还是认为不可以出去玩。爸爸不喜欢某一部电影,他总要禁止孩子去电影院,即使看好电影也不行。爸爸惩罚了孩子,后来发现孩子并不像起初认为的那样有错,爸爸仍然无论如何也不肯取消自己对孩子的惩罚:既然我说了,就必须去做。对于这样的爸爸来说,每天都有事可干,在孩子的一举一动中他都能发现对秩序和规矩的破坏,于是又用新的规矩和命令让孩子不得安生。孩子的生活、孩子的兴趣发展、孩子的成长,悄悄地在这样的爸爸身边进行着,然而他除了自己在家里官僚主义地发号施令之外,什么也看不见。

以说教获得的威信　在这种情况下家长用喋喋不休的教训和训诫式谈话,确确实实地把儿童的生活搞得痛苦不堪。在只需用开玩笑的口气与孩子说几句话的情况下,家长却让孩子坐在自己的对面,开始自己枯燥乏味的、令人讨厌的谈话。这样的家长坚信,训诫中包含着主要的教育智慧。在这样的家庭中很少有欢乐和笑声。家长竭尽全力地力争成为道德高尚的人，他们想在孩子的心目中成为永远不会犯错误的人。但是他们忘记了，孩子不是成人，孩子有自己的生活，必须尊重孩子的这种生活。孩子的生活比成人更有情趣，更有热情，孩子最不善于发表议论。让孩子养成思索的习惯必须是逐步的，而且是相当缓慢的，而家长经常不断的高谈阔论、单调乏味的絮语和唠叨，在孩子的意识中几乎不留下任何痕迹。孩子不可能把家长的说教看作是什么威信。

以爱获得的威信　这是在我们中间最普遍的一种虚假的威信。许多家长确信，要让孩子听话就必须让他们爱父母；而要得到这种爱，就必须随时随地向孩子表明自己做父母的爱。温柔的言词、没完没了的亲吻、抚爱和表扬，过量地倾泻到孩子身上。如果孩子不听话，就会立即问他："这就是说你不爱爸爸了？"家长嫉妒地盯着孩子的眼神，希望得到柔情和爱。母亲经常当着孩子的面对熟人们说："他非常爱爸爸，也非常爱我，他是那么温柔的孩子……"

这样的家庭如此地沉浸在多愁善感和温情爱意的情感的海洋中，以至于发现不了其他任何东西。家长忽略了家庭教育中的许多重要细节。孩子所做的一切都应该出自对父母的爱。

在这样的威信中存在着许多危险，在这里发展着家庭利己主义。孩子们对这种爱当然无能为力。他们很快就会发现，对爸爸妈妈可以想怎么欺骗就怎么欺骗，只要表面上装得温柔可亲就行了。只要嘴一噘表现出爱正在消失的样子，甚至可以恐吓住爸爸、妈妈。孩子从幼年起就开始懂得对其他人是可以去讨好的。因为他不能那样热烈地爱其他的人，那么他就可以毫无任何的爱，怀着冷冰冰的不知羞耻的念头去讨好别人。有时常有这样的情形，对父母的爱能长久保持，然而把所有的其他人都看作是不相干的外人，对他们毫无同情心，毫无同志情意。

这是一种很危险的威信。这种威信培养不诚实的、虚伪的利己主义者。而这种利己主义的牺牲者往往首先是父母自己。

以善良获得的威信　这是一种最不聪明的威信。在这种情况下儿童的听话仍然是通过儿童的爱养成的，而这种爱的产生不是由于亲吻和真情的流露，而是由于父母的让步、软弱和善良。爸爸或妈妈在孩子面前的形象如同善良的天使，他们满足孩子的所有要求，他们什么也不惋惜，他们毫不吝啬，他们是非常好的父母。他们害怕任何冲突，他们宁愿要家庭的和睦，只要一切都平平安安的，他们准备为此作出任何牺牲。在这样的家庭中孩子很快就开始指挥起父母来了，父母的迁就为孩子的愿望、任性、要求开辟了最广阔的天地。有时候父母稍微地抵制一下，已为时过晚，因为在家中已形成了有害的经验。

以友谊获得的威信　常常在孩子还没有出生，父母之间就有这样的约定：我们的孩子将是我们的朋友。一般说来这当然很好。父亲和儿子、母亲和女儿可以成为朋友，但是家长总归是家庭集体中年长的成员，孩子依然是受教育者。如果友谊达到了极限，教育也就中止或者开始相反的过程：孩子开始教育起父母来了。在知识分子中间有时可以看到这样的家庭。在这样的家庭中，孩子称呼父母彼佳或玛鲁夏[5]，拿父母取乐，粗鲁地打断父母的话，不断地教训父母，再也谈不上什么听话了。然而，这里没有友谊可言，因为没有相互的尊重就不可能有任何的友谊。

以收买获得的威信　这是一种最不道德的威信，在这种情况下孩子的听话只是靠礼物和许诺买来的。家长们毫不害臊地这样说：你听话，就给你买小马；你听话，就带你去看马戏。

家庭中当然可以有类似奖品之类的某种鼓励[6]，但是在任何情况下都不可以因为孩子听话，因为他对父母态度好而奖励他。孩子学习好，确实完成了某件困难的工作，这时是可以给予奖励的。但即使这样，在任何情况下也不可以事先宣布奖品，不可以用诱惑性的许诺去督促孩子完成学校的或其他的工作。

我们已经分析了几种虚假的威信。除此之外还有许多种，有以快乐取得的威信，以学识取得的威信，以"直爽"取得的威信，以美丽取得的威信。但往往是家长并不考虑任何威信问题，他们随随便便地生活着，马马虎虎地、因循守旧地教育着孩子。今天家长发了通脾气，为了一件小事惩罚了小男孩，明天他向孩子表白他的爱，后天他以收买的方式向孩子做出某种许诺，再过一天他又惩罚孩子，并且还责骂自己做过的所有好事。这样的家长毫无意义地东奔西跑，总是竹篮打水一场空地图谋着什么，完全不理解自己在做些什么。常常有这样的情况：父亲坚持一种类型的威信，而母亲嗜好另一种类型的威信。在这种情况下孩子们不得不首先成为外交家，并学会在爸爸和妈妈之间周旋。最后，还有这样一种情况，家长根本不关心孩子，只考虑自己的安宁。

在苏维埃家庭中，真正的家长的威信应该是怎样的呢？

家长威信的主要基础只可能是家长的生活和工作、他们的公民面貌、他们的行为。家庭是一项巨大的、责任重大的事业，家长领导着这项事业，并为它对社会、对自己的幸福和对孩子们的生活负责。如果家长诚实地、理智地从事这项事业，如果在家长的面前有着有意义的、美好的目的，如果家长自己能经常全面地、充分地认识自己的行动和行为，这就表明他们具有了家长的威信，不必再去寻找任何其他的根据，尤其不必去臆想出任何人为的根据。

从孩子刚开始懂事起，他们就总是对爸爸或妈妈在哪里工作、他们的社会地位怎样等问题很感兴趣。他们应尽可能早地知道自己以什么为生，对什么有兴趣，他们的父母与什么人在一起。父亲或母亲的事业在孩子的眼中，应该是严肃的、值得尊敬的事业。在儿童的心目中，家长的功绩首先是对社会的贡献，是真正有价值的，而不是徒有其表的。很重要的是，要让孩子们不是孤立地去认识这些功绩，而是要在我们国家所取得的成就的背景下去认识这些功绩。儿童应具有的不是狂妄自大，而是对苏维埃高尚的自豪感，同时还必须让孩子们不仅为自己的父亲或母亲感到骄傲，还应该让他们知道我们祖国的伟大人物和知名人士的姓名；在孩子的心目中，他们的父亲或母亲是这支庞大的活动家队伍中的一员。

同时，必须永远记住，每个人都在努力地工作，都有自己的长处。在任何情况下家长都不应被孩子们看作是自己所属领域内的创纪录者,看作是无人可比的天才。孩子们也应该看到其他人的功绩,尤其是父亲和母亲最亲近的同志们的功绩。如果家长的威信不是好出风头的人或吹嘘者的威信,而是集体的一个成员的威信,只有这时这种威信才是真正崇高的。如果您能成功地教育自己的儿子,使他为父亲所在的整个工厂感到自豪,为工厂取得的成就感到高兴,这就说明您对他的教育是正确的。但是家长不应该仅仅是自己所属集体这个狭小范围内的活动家。我们的生活是社会主义社会的生活。在自己的孩子们面前,父亲和母亲应该成为这种生活的参与者。国际生活中的事件,文学上的成就,都应该在父亲的思想中,在他的情感、他的追求中得到反映。只有这样的生活充实的家长——我们国家的公民,在孩子面前才将具有真正的威信。然而请不要以为,您应该"刻意追求"地过这样的生活,有意地让孩子们看到,让他们为您的品质而吃惊。这是不道德的。您应该真诚地、真实地过那样的生活,您不应该在孩子面前竭尽全力地、特别地去表现它。请放心吧,孩子们自己会看到所有应该看到的东西。

您不单纯是公民,您还是父亲,您应该尽可能好地完成您的家长的工作,而您的威信的根源就在于此。首先您应该知道,您的孩子的生活乐趣是什么,对什么感兴趣,喜欢什么,不喜欢什么,想要什么,不想要什么。您应该知道,他的朋友是谁,与谁一起玩和玩些什么,读什么书,对读过的东西理解得如何。当他上学后,您应该知道他怎样对待学校和老师,他有什么困难,他在班级中的表现如何。所有这一切,都是您从您的孩子幼年起就始终应该知道的。您不应该突然知道各种各样不愉快的事情和冲突,您应该预料到这些事并采取预防措施。

所有这些您都必须知道,但这并不意味着,您可以不断地用令人讨厌的盘问、庸俗的和纠缠不休的间谍一样的行为,让您的孩子不愉快。从一开始您就应该把工作做好,让孩子自己告诉您他们的事情,让他们希望与您交谈,对您的学识感兴趣。有时候您应该邀请孩子的同伴到家里来,甚至可以拿点什么东西招待他们,有时候您应该亲自去拜访您孩子同伴的家庭,只要有可能,您应该熟悉这个家庭。

做这些事不需要花费很多时间,只要关心孩子并关心他们的生活就行了。

如果您将这样地了解孩子,这样地关心孩子,您的孩子不会对此无动于衷的。儿童喜欢家长这样地了解自己,并因此而尊重家长。

以了解获得的威信,必然导致以帮助获得的威信。在每个孩子的生活中,都常常会遇到他们不知道该怎么做、需要忠告和帮助的情况。他可能不来请求您的帮助,因为他还不会这样做,您就应该主动去帮助他。

这种帮助常常可以是直接的忠告,有时候可以以开玩笑的形式,有时候以吩咐的形式,有时候甚至可以以命令的形式出现。如果您了解您的孩子的生活,您自己就会发现怎样做最好。常常有必须用特殊的方式给予帮助的情况。常常是或者必须与孩子一起玩,或者必须去熟悉孩子的同伴,或者必须去学校与老师谈谈。如果您家里有几个孩子,这是最幸运的,就可以吸引哥哥、姐姐参与这种帮助工作。

家长的帮助不应该是纠缠不休的、令人讨厌的、令人疲劳的。在有些场合下完全有必要让孩子自己去摆脱困境,必须让他养成克服障碍和解决更复杂的问题的习惯。但是必须始终注意孩子是怎样完成这些工作的,不可以让孩子不知所措,从而悲观失望。有时候必须让孩子发现您的关心、注意和对他的力量的信任。

　　以帮助获得的威信,以谨慎的、关切的指导获得的威信,幸运地得到以了解获得的威信的补充。孩子将会感觉到您就在他的身边,感觉到您的理智的关怀,有一种安全感;同时他也会知道,您对他有要求,您并不打算为他做所有的事,也不打算解除他的责任。

　　责任正是家长的威信的另一个重要方面。在任何情况下孩子都不应该认为,您是家庭的领导,而他们自己则是您个人的满足或快乐。他应该知道,您不仅为自己,也为他向苏维埃社会负责。不应该害怕坦率地、坚定地告诉儿子或女儿,他们在受教育,他们还必须学习很多东西,他们应该成长为好的公民和好人;告诉他们家长对达到这一目的负有责任,但家长并不害怕承担这一责任。进行帮助,提出要求,其基础就是责任性。在某些情况下,应该以最严厉的、不容许反对的形式提出这种要求。顺便说一句,只有在儿童的意识中已经建立了以责任心获得的威信,这样的要求才可能有益。甚至在孩子幼年时他就应该感觉到,他和他的父母并不是一起生活在荒无人烟的孤岛上。

　　在结束这一讲时,我们简要地总结一下上面所说的。

　　在家庭中必须有威信。

必须区别真正的威信和虚假的威信，虚假的威信以故意做作为原则，力图用任何手段制造"听话"的假象。

您作为公民所从事的活动、您的公民感、您对孩子生活的了解、您对他的帮助以及您对他的教育的责任心，是真正的威信的基础。

第三讲　游　戏

游戏在儿童的生活中具有重要意义，其意义与活动、工作、服务对于成人的意义相同。儿童在游戏中是怎样的，当他长大后在工作中很大程度上也将是这样的。所以，对未来活动家的教育首先在游戏中进行。作为活动家和工作者的个人的整部历史，都可以表现在游戏的发展中，表现在从游戏到工作的逐渐转移中。这种转移是非常缓慢的。儿童在幼年时主要是做游戏，他的工作职能是非常微不足道的，不超出最简单的自我服务范围：他开始自己吃饭，盖好被子，穿小裤子。但即使在这项工作中，他还带进许多游戏成分。在组织得好的家庭里这些工作职能的难度逐渐加大，交给孩子越来越复杂的工作，开始完全是为了自我服务，随后交给一些具有为服务全家意义的工作。但这时游戏仍然是儿童的主要活动，最吸引他，也是他最感兴趣的。到学龄时工作已占有很重要的地位，它与较严肃的责任心相联系，它与关于儿童未来生活较确定的、较明确的认识相联系，这种工作已接近社会活动。但是就是在这时，儿童仍然玩得很多，喜欢游戏，当他觉得游戏比工作好玩得多,当他想撂下工作去玩一玩时,他甚至不得不体验相当复杂的矛盾冲突。如果发生这样的冲突,这就说明在游戏中和在工作中对儿童进行的教育不太正确,说明家长在某些方面做得过了头。由此可见,对儿童游戏的指导具有多么重要的意义。在生活中我们遇到许多早已离开了学校的成年人,他们对游戏的爱好超过了对工作的爱好。所有过分积极地追求玩乐的人,为了自己的一帮寻欢作乐的好朋友而忘记了工作的人,都应该属于这一类。那些装模作样、妄自尊大、装腔作势、没有任何目的地说谎的人,都属于这一类人。他们把童年的游戏心态带进严肃的生活中,他们没有把这种心态正确地转化为工作的心态。这表明,他们受到的教育不好,这种不好的教育主要来自没有得到正确组织的游戏。

上面所说的决不意味着必须尽可能早地诱导儿童丢掉游戏,转向努力工作,关心工作。这样的转向不会带来好处,这是给儿童施加压力,它引起儿童对工作的厌恶并强化他对游戏的向往。对未来活动家的教育不是取消游戏,而是好好地组织游戏,使游戏就是游戏,但要在游戏中培养未来工作者和公民的品质。

为了指导儿童的游戏并在游戏中教育他,家长应该很好地考虑这样一个问题:什么是游戏,它与工作的区别在哪里?如果家长不考虑这个问题,不好好地研究这个问题,他们就不能指导儿童,并将在任何个别场合下不知所措,与其说教育孩子,不如说是毁了孩子。

首先必须说,在游戏与工作之间,并不像许多人认为的那样存在着很大的区别。好的游戏就像好的工作，而坏的游戏就像坏的工作。这种相似性是很大的，可以直截了当地说：坏的工作比起好的工作来更像坏的游戏。

在每个好的游戏中首先都要努力工作，都要努力动脑子。如果您给孩子买了一只带发条的玩具老鼠，整天都上紧了老鼠的发条让它走，而孩子将整天看着这只老鼠，并且非常高兴。这个游戏没有任何好处。在这个游戏中孩子是消极的，他的全部参与就是观看。如果您的孩子只是做一些这样的游戏，他将成长为一个消极的人，习惯于观看别人的工作，缺乏主动性，而对工作中的创新、对克服困难却很不习惯。不出力的游戏，没有积极活动的游戏，永远是坏的游戏。可见，在这一点上游戏与工作是很相似的。

游戏给儿童带来快乐。这或者是创造的快乐，或者是胜利的快乐，或者是审美的快乐——即有价值的快乐。好的工作也带来这样的快乐。就这一方面而言，游戏与工作是十分相似的。

有些人认为，工作与游戏的区别在于在工作中是有责任的，而在游戏中没有责任。这是不对的：在游戏中与在工作中一样，有着同样重大的责任。当然，这是指在好的、正确组织的游戏中，关于这一点下面还将详细谈到。

游戏与工作的区别究竟在哪里呢？这种区别只有一个：工作是人参与社会生产或参与领导这种生产，参与创造物质的、文化的价值，换言之，即参与创造社会的价值。游戏不追求这种目的，游戏与社会目的之间不具有直接的关系,但具有间接的关系:游戏使人养成从身体上和心理上作出努力的习惯,这种习惯正是从事工作所必需的。

在指导儿童游戏方面我们应该要求家长做些什么,现在已经很清楚了。第一,家长应注意不让游戏变成儿童的唯一追求,不能让游戏引诱儿童完全抛弃社会目的。第二,要在游戏中培养从事工作所必需的那些心理的和身体的习惯。

正如上面已经说过的那样,第一个目的可以通过逐渐吸引儿童参加劳动来达到,劳动将慢慢地,但必然会代替游戏。第二个目的要通过正确指导游戏去达到:选择游戏,在游戏中帮助儿童。

在这一讲里我们只谈第二个目的,关于劳动教育问题将在另一讲里谈。

家长在指导儿童游戏时不正确的行为是常见的。这样的错误通常有三类。有些家长对自己孩子的游戏根本就不感兴趣,认为孩子自己知道怎样更好地玩。在这样的家长身边,孩子想怎么玩就怎么玩,想什么时候玩就什么时候玩,自己为自己选择玩具,自己组织游戏。有些家长很关心孩子的游戏,甚至过多地关心,他们总是干预孩子的游戏,不断地演示、讲解,布置游戏任务,而且常常在孩子解决此任务之前他们自己就已把任务解决了,并为此而感到高兴。在这样的家长身边,孩子除了听父母说话并模仿他们之外,什么也不能做:在这种情况下实际上家长玩得比孩子多。在这样的家长身边,如果孩子制造些什么并在制造中遇到了困难,父亲或母亲就会坐在他旁边并对他说:

"你不应该这样做，看着，应该怎样做。"

如果孩子用纸剪什么东西，父亲或母亲会看着他努力工作一会儿，然后从孩子手中夺下剪刀并说：

"我来替你剪。瞧，剪得多好。"

孩子看着并看到了父亲剪得确实好。他递给父亲第二张纸并请求他再剪个什么东西，父亲兴高采烈地这样做着并对自己的成绩感到满意。在这样的家长身边，孩子只能重复家长所做的事情，他们没有养成克服困难、独立地去提高质量的习惯，而且很小就习惯于这样的思想，即只有成人才有能力把一切都做好。在这样的孩子身上发展着对自己力量的不信任感和对失败的恐惧。

第三类家长认为，最重要的是玩具的数量。他们花了大量的钱购买玩具，把各种各样的玩具抛给孩子并为此而感到骄傲。在这样的家长身边，儿童天地就像是玩具商店。这样的家长恰恰很喜欢灵巧的机械玩具，用这些玩具填满自己孩子的生活。有这样的家长的孩子们，在最好的情况下变成为玩具收集者，而要是糟糕的话（这样的情况居多），毫无乐趣地从一种玩具转向另一种玩具，毫无热情地玩着，把玩具弄坏并要求再买新的。

对游戏的正确指导，要求家长对儿童的游戏采取更深思熟虑的、更谨慎的态度。

儿童的游戏要经过几个发展阶段，在每个阶段都需要特殊的指导方法。第一阶段——这是室内游戏阶段，是玩玩具的阶段。在五六岁时这一阶段开始向第二阶段过渡。[7]第一阶段的特点是儿童喜欢一个人玩,很少让一两个伙伴参与自己的游戏。这个年龄的儿童喜欢玩自己的玩具,不喜欢玩别人的玩具。这一阶段恰好是儿童个人能力发展的阶段,不必担心孩子一个人玩会成长为利己主义者,必须为他提供一个人玩的机会。但要注意不可将这个第一阶段拖得太长,这一阶段应及时地转入第二阶段。在第一阶段儿童不善于在群体中玩,他常常与小伙伴们吵架,不善于与他们一起找到共同的兴趣。必须给他进行个人游戏的自由,不必强制他与小伙伴们在一起,因为这样的强制只能破坏游戏者的情绪,养成急躁和爱吵架的习惯。可以坦率地肯定:孩子在幼年时一个人玩得越好,将来就越能成为好的伙伴。这个年龄的儿童的特点是具有很强的攻击性,在一定的意义上他是个"私有者"。最好的方法是不要让儿童有机会去练习这种攻击性和发展"私有者"的动机。如果儿童一个人玩,他是在发展自己的能力,即发展想象力,发展设计技能和安排材料的技能,这是有益的。如果您违反他的意志,逼他在群体中玩,用这种办法无助于他摆脱攻击性和自私心。

儿童开始从喜欢一个人玩转到对伙伴,对群体游戏感兴趣的年龄,有的早一些,有的晚一些。应该最有益地帮助儿童完成这一相当困难的过渡。必须在最良好的环境中扩大同伴的圈子。通常这一过渡是以提高儿童对户外的活动性游戏和院子里的游戏兴趣的形式进行的。我们认为,在院子里的儿童群体中有一个年龄较大的、有威信的孩子,由他充当年龄较小的孩子的组织者,这种情况是最有益的。

对儿童游戏的第二阶段的指导较困难,因为在这一阶段儿童已不在家长身边游戏了,他们走到更广阔的社会活动场所。第二阶段持续到11—12岁,包括一部分学龄时期。

学校里有更多的伙伴,有更广泛的兴趣范围,有更困难的活动场所,尤其对游戏活动而言。然而学校又有现成的、更严密的组织,有一定的、更严格的制度,最主要的是有熟练教师的帮助。在第二阶段上儿童是作为社会的一员,但这还是儿童的社会,既没有严格的纪律,也没有社会的监督。学校却有这两个方面的特点,学校也是向游戏的第三阶段过渡的形式。

在第三阶段上,儿童已成为集体的成员,而且这个集体不仅是游戏的集体,还是工作的集体,学习的集体。因此在这个年龄阶段的游戏也带有较严格的集体形式,并逐渐成为竞技运动的游戏,即与一定的体育目的和规则相联系的游戏,而最主要的是,这种游戏与集体利益和集体纪律的概念相联系。

在游戏发展的第三阶段上,家长的影响具有重大意义。当然,当儿童还没有成为除家庭之外的另一个集体的成员时,当儿童除了家长之外没有其他指导者时,家长影响的意义在第一阶段是占第一位的。但在其他阶段上,家长的影响仍可能是很大的,很有益的。

第一阶段游戏的物质中心是玩具,玩具通常有以下几种类型。

机械的或简易的成品玩具:这就是各种各样的汽车、轮船、马、娃娃、老鼠和不倒翁,等等。

需要儿童进行一定加工的半成品玩具：各种各样的带有问题的画片、可以裁切的画片、积木、设计箱[8]、可拆卸的模型。

玩具材料：黏土、沙子、硬纸板、云母、树枝、纸张、植物、铁丝、铁钉。

其中每种类型的玩具都有自己的优点和缺点。成品玩具的优点是，它能使儿童了解复杂的思想和事物，把儿童引向技术问题和复杂的人类经济问题。所以这样的玩具能激发更丰富的想象活动。男孩手中的火车头能促使他想象一定的运输方式，马引发出关于动物生活的一些认识，促使他关心动物的饲养和使用。家长应注意使这类玩具好的方面真正被孩子注意到，使他不只是迷恋玩具的一个方面，迷恋玩具的机械性和灵巧性。爸爸或妈妈给孩子买了很精巧的玩具，而且不只买了一个，而是买了好多，其他孩子却没有这样好的玩具，这时特别重要的是不能让孩子因此而感到骄傲。一般说来，这些机械玩具只有当孩子真的玩它们而不是珍藏起来，以便向邻居家的孩子夸耀的时候才是有益的，而且在玩的时候不是简单地观察玩具的运动，而是在某种复杂的事情中组织这种运动。汽车应该搬运些什么，不倒翁应迁居到某个地方或做点什么事，娃娃应该或睡觉或不睡，或穿衣或脱衣，去做客和完成玩具王国中某项有益的工作。在这些玩具身上，为孩子的想象提供了广阔的天地，利用这样的玩具开展的想象越广泛、越认真就越好。如果玩具狗熊只是被从一个地方扔到另一个地方，如果只是拽它，甚至给它开膛，这就非常糟糕。但是，如果玩具狗熊生活在一定的地方，有专门为它准备的生活用品，如果让它来吓唬某个人或向某个人表示友好,这都是很好的。

第二类玩具的优点是它能向儿童提出某种任务,这种任务要求儿童作出一定的努力才能完成,而且儿童自己永远也不会提出这样的任务。在完成这些任务时已明显地需要思维训练,需要逻辑推理,要有关于各部分之间的合理关系的概念,而不是简单的自由想象。这类玩具的缺点是它们提出的任务始终是相同的、一成不变的,这种老一套的任务让孩子生厌。

第三类玩具是各种材料,它们是最便宜的,也是最有效果的游戏材料。这些玩具最接近人类的正常活动:人们利用材料创造价值和文化。如果孩子会玩这样的玩具,这就说明他已有了很高的游戏修养,并正在孕育很高的活动修养。在玩具材料中有很多很好的现实主义的东西,同时还有广阔的想象天地,而且不是简单的想象,是有意义的创造性工作的想象。如果有几块玻璃或云母,用它们可以做成窗子,要制造窗子就必须考虑窗框,从而就提出了房屋建筑问题。如果有黏土和植物茎干,就会产生关于花园的问题。

哪类玩具最好?我们认为,最好的办法是结合使用所有这三类玩具,但在任何情况下数量都不能过多。如果一个男孩或女孩有一两件机械玩具,就不必再买更多的了。在这些玩具之外再添加某种可拆卸的玩具,并且再更多地添加一些各种各样的材料,这样就组成了一个玩具王国。在这个玩具王国中不必什么都有,不应该让孩子眼花缭乱,不应让他面对过多的玩具而不知所措。给孩子的玩具不要多,但要努力做到让他能用这些不多的玩具组织游戏。然后观察孩子,悄悄地听他的游戏,尽量让他独立地感觉到某种不足,并想法予以弥补。如果您给孩子买了一匹玩具小马,他迷恋搬运的任务,自然他将会感觉到还缺一辆马车。不要急忙去给他买马车。尽量让他自己用一些小盒子、线轴或硬纸板制成马车。如果他制作这样的马车,那就棒极了——目的达到了。如果他需要许多马车,自制的马车已不够了,那么不必一定让他自己再做第二辆马车,第二辆马车可以买。

在儿童的游戏中主要达到以下目的:

1. 让孩子真正地游戏,进行想象,制作东西,把各种东西组合起来。

2. 不要让孩子第一项任务还没完成,就从一项任务转到另一项任务,要让孩子把自己的工作做完。

3. 要让孩子在每个玩具中发现一定的、对将来有用的价值,保存好玩具,爱惜玩具。在玩具王国中应该始终是有秩序的,应该打扫卫生。不应破坏玩具,玩具坏了应该进行修理;如果他自己修理有困难,那么家长可以帮助他。

家长应该特别注意儿童对玩具的态度。儿童不应该破坏玩具,应该爱护玩具,但如果玩具坏了,也不应该没完没了地痛苦。如果儿童真的习惯于认为自己是个好主人,如果他不害怕个别的损失并感到自己有力量去挽回不幸,这个目的就会达到。父亲和母亲的任务是始终能在上述情况下帮助孩子,在他失望时支持他,向他证明人的机智和劳动永远能够改变处境。因此,我们建议家长们要经常采取措施去修理损坏了的玩具,任何时候都不要过早地扔掉它。在游戏过程中家长应尽可能给予孩子充分的行动自由,但这仅仅是指当游戏正确进行的时候。如果孩子遇到了某种困难,如果游戏过于简单,没有趣味,就需要帮助孩子:暗示他,提出某个有趣的问题,补充某种新的、有趣的材料,甚至可以和孩子一起玩。

游戏第一阶段的方法的一般形式就是这些。

在第二阶段首先要求家长关心孩子。您的孩子到院子里去了,与一群男孩在一起。您应该认真研究一下,这都是些什么样的男孩。您的女孩非常想与院子里的女伴们一起玩,您应该很好地了解这些女孩。您应该了解您的孩子周围的那些孩子们爱好什么,缺乏什么,在他们的游戏中有什么不好的。一位父亲或母亲的关心和主动性,能帮助当地或另一个地方整个一群孩子的生活变得更好,这样的情况是屡见不鲜的。您发现孩子们冬天从一堆东西上,从结了冰的垃圾堆上往下滑。您就去与其他家长商量,如果不商量的话,您就自己一个人帮助孩子们堆一座小山。您给自己的儿子做一副简单的木雪橇,您就会发现在其他孩子那里也将会出现某种类似的东西。在游戏的这一阶段,家长之间的交往是十分重要和有益的,但遗憾的是家长之间的这种交往太少了。往往每个家长都不满意孩子们在院子里的生活,但没与其他家长交谈,他们没有在一起想出某种办法来改善这种生活,其实这根本不是一件困难的事,每个人都有能力做到。在这一阶段,儿童已组织进某种近似于集体的群体中,如果他们的家长也能这样地组织起来去指导他们,那将是非常有益的。

在这一阶段孩子们常常争吵、打架、互相指责。如果家长立即站到自己的儿子或女儿的一边,并且自己也卷入与肇事者的父亲或母亲的争吵中,这样的行为是错误的。如果您的孩子哭着跑来了,如果他被欺负了,如果他很伤心并且火气很大,您不要急于发火,也不要冲过去向肇事者及其家长兴师问罪。首先应该心平气和地询问您自己的儿子或女儿,尽可能搞清事情的真相。只有一方有错的情况是很少有的。可能您的孩子在某一点上过于激动,您要给孩子解释清楚,在游戏中没有必要总是寸步不让,应尽可能寻找和平的办法解决冲突。无论如何要让您的孩子与对手和好,您可以邀请这位对手到家里来做客并与他谈谈,认识一下他的父亲,把事情彻底搞清楚。在这件事情上最主要的是您不可以只看见自己的孩子,而应该看到全体孩子,与其他家长一起教育这个孩子的群体。只有在这样的情况下您才能给您的孩子带来最大的利益。他将发现,您不只是爱自己的家人,发现您在完成社会工作,并把这作为自己行为的榜样。没有什么东西比父亲或母亲对邻居家庭狂热的攻击态度更有害的了;这样的攻击恰恰将培养儿童性格中的恶毒性、猜疑性,培养野蛮的、盲目的家庭利己主义者。

在第三阶段指导游戏的已不是家长,指导的责任已转到学校组织或运动队组织,但家长仍有充分的条件正确影响儿童的性格。第一,必须特别关注使儿童对体育运动的爱好不发展成排斥其他一切的狂热,必须向孩子指明活动的其他方面。第二，必须激发男孩或女孩的自豪感，不仅为自己取得的成绩自豪，主要的是要为运动队或组织取得的成绩自豪。还必须抑制一切的浮夸和骄傲，培养对对方力量的尊重，注意运动队里的组织性、训练和纪律。最后，必须使孩子对成功和失败都能处之泰然。在这一阶段，如果家长能更熟悉儿子或女儿运动队里的伙伴，那将是最好不过的。

在所有这三个阶段，家长都应该进行敏锐的观察，使游戏不充斥儿童的全部精神生活，要使劳动习惯平行地得到发展。

在所有这三个阶段的游戏中，您都应该培养儿童对更有价值的满足的追求，而不是追求简单的看看，简单的满足，要培养克服困难的勇气，发展想象力和开阔思路。在第二和第三阶段，您应该时刻注意到此时您的孩子已进入了社会，要求他不仅有进行游戏的能力，还要求他能正确地待人。

今天的谈话我们概括如下。

游戏在人的生活中具有重要意义，它是劳动的准备并应逐渐被劳动取代。许多家长对游戏的指导没有予以足够的重视，或者放任孩子，或者让孩子的游戏处于被过多的关怀和过多的玩具之中。在游戏的不同阶段家长应采取不同的方法，但始终应该让孩子有可能独立活动和正确地发展自己的才能，同时在孩子遇到困难时也不拒绝帮助孩子。在第二和第三阶段需要指导的与其说是游戏，不如说是儿童对他人和对自己的集体的态度。

第四讲　纪　律

"纪律"一词有几种含义。一些人把纪律理解成行为规则的总和，另一些人把经教育形成了的人的习惯称为纪律，还有一些人把纪律仅仅看作是听话。所有这些意见都在不同的程度上接近真理，但为了使教育者能正确地进行工作，必须对"纪律"这一概念本身具有更确切的认识。

有时候把具有听话特点的人称为守纪律的人。当然，在绝大部分情况下，都要求每个人准确地、迅速地完成上级机关和上级领导的命令和指示。然而在苏维埃社会中，所谓的听话根本就不足以表示一个人是守纪律的——简单地听话不能让我们满意，盲目地听话就更不能让我们满意了，革命前的旧学校通常要求盲目地听话。

我们要求苏维埃公民的是复杂得多的纪律性。我们要求苏维埃公民不仅懂得为了什么必须执行这个或那个命令，而且要求他本人积极地、努力地、尽可能好地执行这个命令。这还不够。我们还要求我们公民在生命的每一分钟里都做好履行自己的义务的准备，而不去等待命令和指示，要求他的意志具有主动性和创造性。同时我们希望他只做对我们的社会、我们的国家确实有益的和需要的事情，而且不因任何困难和阻碍而畏缩不前。我们要求苏维埃公民善于抵制那些只给他一个人带来好处和满足，而给其他人或整个社会可能带来危害的行动和行为。此外,我们始终要求我们的公民任何时候都不要把自己限制在自己个人的事情、自己的车间、自己的机床、自己的家庭这样的小圈子中,要善于看到周围人的工作、他们的生活、他们的行为,善于不仅在口头上,而且在行为上帮助他们,甚至不惜为此而牺牲自己个人的部分安逸。但是在对待我们的共同敌人的态度上,我们要求每个人坚决地进行斗争,永远保持警惕,不管这样做会遇到什么样的不愉快和危险。

总之,在苏维埃社会中我们有权只称呼那些人为守纪律的人,他们在任何条件下都始终善于选择正确的行为,选择对社会最有益的行为,也能坚定地持之以恒,不管因此会遇到什么样的困难和不愉快。

不言而喻,仅仅借助于纪律,即练习服从,是不可能培养出这样的守纪律的人的。只有用正确影响的全部总和才能培养出苏维埃守纪律的公民。其中占有最显著地位的是以下影响:广泛的政治教育、普通教育、书籍、报纸、劳动、社会工作,以及那些似乎是次要的东西,例如,游戏、娱乐、休息。只有在所有这些影响的共同作用下,正确的教育才可能进行,只有有了正确的教育才能造就社会主义社会真正的守纪律的公民。[9]

我们特别要求家长们永远记住这样一条重要原理:纪律不是靠某些个别的"惩戒"措施形成的,而是由整个教育体系、全部生活环境、儿童受到的所有影响造就的。这样地理解纪律,纪律就不是正确的教育的原因、方式和方法,而是正确的教育的结果。[10]正确的纪律,这是教育者应该竭尽全力追求的并借助于他能支配的一切手段所能达到的最好的结果。所以，每个家长都应懂得，他在让儿子或女儿阅读时，他在向他们介绍新朋友时，他在与孩子谈论国际形势、谈论自己工厂的事情或自己的斯达汉诺夫式[11]的成绩时，他在获得其他知识的同时，也或多或少地达到了纪律教育的目的。

因此，我们把纪律理解成整个教育工作的广泛的一般结果。

但是，教育工作中还有较狭窄的部分，它更接近于纪律的培养并常常与纪律混淆，这就是制度。如果说纪律是整个教育工作的结果，那么，制度仅仅是教育的手段，仅仅是教育的方式。制度与纪律的区别，这是一种很重要的区别，家长应该很好地搞清楚它们之间的不同。例如，纪律属于我们始终要求其完善的那些现象。我们总是希望在我们的家庭中，在我们的工作中有最好的、最严格的纪律。不可能是另外的情况，因为纪律，这是结果，在任何事情上我们都习惯于为争取最好的结果而奋斗。很难想象有人会说："我们的纪律马马虎虎，但是我们并不需要更好的……"

说这样的话的人或者是蠢人，或者是真正的敌人。任何正常的人都应该具有最高的纪律，即具有最好的结果。

制度就完全是另一回事。我们已经说过，制度仅仅是手段。我们一般也都知道，在生活的任何领域中，任何手段只有与目的相一致时，只有当它适当时，才需要使用它。所以可以想象出我们始终在追求的最好的纪律，但是却不可能想象出任何理想的、最好的制度。在某些情况下一些制度是最好的，但在另一些情况下另一种制度可能是最好的。

家庭生活制度不能，也不应该在任何不同条件下都是相同的。儿童的年龄、他们的能力、周围环境、邻居、住宅的大小、住宅的舒适状况、去学校的道路、街道的热闹状况和许多其他情况，决定并改变着制度的性质。在有许多孩子的大家庭中应该有一种制度，但在只有一个孩子那种家庭中的制度则完全是另一种。对年幼的孩子有益的制度，如果把它用于年龄较大的孩子，则可能危害极大。为女孩子制定的制度，尤其是为年龄大的女孩制定的制度，同样具有自己的特点。

　　因此，不可以把生活制度理解为某种固定的、不变的东西。在某些家庭中经常犯这样的错误：一旦采用了某种制度就虔诚地相信它是有益于健康的，把它看作神圣不可侵犯的予以维护，甚至不惜牺牲孩子和自己的需要。这种僵化的制度很快就会变成没有生命的条条框框，它不能带来好处，而只能造成危害。

　　制度就其性质而言不可能是固定不变的，这正是因为它仅仅是教育的手段。每一种教育都追求一定的目的，而且这些目的都处于不断的变化之中，并变得越来越复杂。例如，在童年早期，家长面临的一项重要任务是教孩子养成爱清洁的习惯。为了达到这一目的，家长为孩子制定了专门的制度，即梳洗规则，使用澡盆、淋浴器或澡堂的规则，保持房间、床铺、桌子清洁的规则。这样的制度应该经常坚持。家长任何时候都不可以忘记它，家长应监督制度的执行，当孩子不能做某件事时去帮助他，要求孩子高质量地完成工作。如果能很好地组织整个制度，它将会带来很大的好处，并且总会有一天，孩子最终养成了爱清洁的习惯,连他自己也将不愿意两手脏脏地坐在餐桌旁。这就可以说已达到了教育目的。为达到这一目的而需要的那一种制度,现在变成多余的了。当然,这决不意味着可以在一天之内取消这一制度。这一制度应该逐渐地被以巩固业已形成的爱清洁的习惯为目的的另一种制度所代替。而当这一习惯已巩固时,在家长面前就出现了新的、更复杂的、更重要的目的。如果此时家长仍继续热衷于让孩子爱清洁,这将不仅是过多地浪费家长的精力,而且这种浪费是有害的:不近人情的、有洁癖的人就是这样培养出来的,在他们的心灵中除了爱清洁的习惯之外没有其他任何东西,他们有时也能勉强做点事,但不愿把手弄脏。

从这个培养爱清洁的习惯的例子中我们看到,制度的正确性是一种暂时的、一时的现象。任何其他手段也是这种情况,而制度仅仅是一种手段而已。

因此,不应该向家长推荐某一种制度。制度有许许多多,但必须从中选择最适合当时情况的一种制度。

尽管可能采用的制度存在着如此的多样性,但毕竟还是应该说,苏维埃家庭中的制度总应该有在任何情况下都必须有的一定的特点。在本讲中我们就应该把这些一般特点搞清楚。

首先,我们要请家长们注意以下所述:不管您为您的家庭选择了什么样的制度,这个制度首先应该是合理的。任何生活规则在家庭中的实施,不是因为其他某个人采用了这个规则,也不是因为采用这样的规则能使生活更愉快,而完全是因为这是达到您所提出的合理目的所必需的。您本人应该很好地认识这一目的,绝大多数情况下孩子们也应了解这一目的。在任何情况下,无论在您的眼中还是在孩子们的眼中,制度都应该具有合理的规则的性质。如果您要求孩子们定时吃饭,并与其他人一起坐在餐桌旁,那么,孩子们就应懂得,必须采用这个制度是为了减轻母亲或家庭女工的劳动,也是为了全家人能相聚几次,大家在一起交流自己的思想和情感。如果您要求孩子们不要留下没吃完的食物,那么,孩子们就应该懂得,这一制度的必要性是出自对生产食品者劳动的尊重,也是出自对家长劳动的尊重和对家庭经济的考虑。我们也看到这样的情形,家长要求孩子们吃饭时不说话。孩子们当然服从了这一要求,但无论是孩子们还是家长自己,都不知道为什么要有这样的规则。当向家长询问这一问题时他们解释说,如果吃饭时说话有可能被噎住。这样的规则当然是没有意义的:所有的人都喜欢在餐桌旁聊天,并没有因此而发生任何不幸的事情。

希望家长们在制定家庭制度时,要考虑它的合理性和目的性,同时我们也要告诫家长们完全不必喋喋不休地向孩子们解释这个或那个规则的意义,不要用这样的解释和说明来使孩子们感到厌烦。必须尽可能地努力让孩子自己去理解为什么需要这样的规则。只有在万不得已的情况下,才需要向孩子们提示正确的思想。一般来说,应该力求让孩子们尽可能牢固地形成好的习惯;而为了达到这一目的,最重要的是经常练习正确的行为。无论多么好的经验,都会被关于正确行为的絮叨的议论和高谈阔论所破坏。

每种制度的第二个特点就是它的确定性。如果今天需要刷牙，那么明天也需要刷牙；如果今天起床后必须收拾床铺，那么明天也必须这样做。母亲不应该今天要求孩子收拾床铺，明天却不要求他这样做，反而自己去为他收拾床铺。这样的不确定性使制度失去了任何意义，使它变成一堆偶然的、彼此之间没有联系的命令。正确的制度应具有确定性、准确性，不允许有任何例外，除非确实必须有例外，并且这种例外是由重要的事情引起的。在每个家庭中通常都应该有一种方式，从而使对制度的哪怕是最细小的破坏，也必然会被揭露出来。这必须从儿童幼年时做起，家长越严格地监督制度的执行，儿童违反制度的情况就越少，将来不得不采用惩罚的情况也就越少。

我们要特别提请家长们注意下面的情况。许多人错误地认为，男孩早晨没有收拾自己的床铺，值得为此大发雷霆吗？第一，这是他第一次这样做；不收拾床铺，一般来说是小事，不值得为此而破坏男孩的情绪。这样的议论是根本不对的。在教育工作中是没有小事的。不收拾床铺意味着不仅出现了不整洁的现象，而且表明了对已有制度的蔑视态度，一旦有了这样的开端，将来就可能对家长采取直接对抗的形式。

如果家长自己不真诚地对待制度，如果家长要求孩子遵守制度，同时自己的生活却没有条理，不遵守任何制度，那么，制度的确定性、准确性和必要性就正在遭受莫大的威胁。当然，家长本人遵守的制度与孩子遵守的制度自然是有区别的，但这种区别不应是原则性的区别。如果您要求孩子吃饭时不要读书，那么您自己也应该这样做。在坚持要求孩子吃饭前洗手的同时，不要忘记也要求自己这样做。要尽量亲自收拾自己的床铺，这根本不是困难的事情，也不是什么让人蒙羞的事情。在许多这样的小事情中所包含的意义，要比通常想象的大得多。

家庭中的、家里的制度必须涉及以下几个细节：必须明确规定起床时间和睡觉时间——无论是工作日还是休息日都是同样的时间；明确规定整洁和保持清洁的规则、换洗床单和衣服的时间与规定、换洗袜子的规定；孩子应养成把所有的东西都放在它们自己的位置上的习惯，应该在工作和游戏之后把一切东西都归置得整整齐齐；儿童在幼年期就应该学会使用厕所、脸盆和澡盆；应该照管电灯，需要时开灯和关灯。应当专门制定就餐制度。每个孩子都应该知道自己就餐时坐在什么位置上，按时来吃饭，吃饭时应该举止得当，会使用刀叉，不弄脏桌布，不把吃的东西洒在餐桌上，吃掉盛在盘里的所有东西，不应为自己要过多的食物。

儿童工作时间的分配也应服从严格的制度，当孩子开始上学时这一点尤为重要。但是，吃饭、游戏、散步等时间最好能早一点明确规定。必须特别注意儿童的运动问题。某些人认为，儿童必须多跑、多叫，一般来说应该让他的精力充分地发泄出来。儿童对运动的需求程度高于成年人，这是毫无问题的，但是不应当盲从这种需求。必须教育孩子养成有目的地运动，并且善于在需要时中止运动的习惯。在任何情况下都不允许在房间里跑、跳，更适合跑、跳的场所是院子、花园里的空地。同样也必须教会孩子控制自己的噪音：叫喊、尖叫、大声哭叫——所有这些都属于同类现象；它们更多地说明儿童的神经不够健康，而不是说明某种真正的需要。对于孩子的这种神经质的叫唤，家长自己常常也是有错的。他们自己有时也提高了嗓门，达到了叫喊的程度，自己急躁不安，而不是把充满信心的、平静的语调注入家庭的气氛之中。

家庭内部的、住宅里的制度，几乎都处于家长的完全控制之中。家庭外面的制度就不能这样说了。儿童的一部分时间是与院子里的，而且常常是院子外面的伙伴一起在闲逛中、在操场上、在滑冰场上，有时在马路上度过的。孩子的年龄越大，周围的伙伴所起的作用也变得越大。家长当然不可能全面指导同伴之间的这种相互影响，但是他们完全有可能关注这种同伴之间的影响，而在大部分情况下这样也就足够了，如果家庭中已经形成了集体联系、信任、诚实的经验，如果正确建立起了家长的威信。在这种情况下家长只需要做一件事，那就是多多少少认真地去了解一下，您的儿子或女儿处于什么样的环境中。如果家长能更深入地熟悉儿子的伙伴及其父母，如果家长有时去看看孩子们的游戏，甚至参加这种游戏，与孩子们一起散步，看电影，看马戏，等等，儿童的许多不好行为，尤其是儿童的许多任性现象就不会发生。家长如此积极地去接近孩子们的生活，这并非是件难事，甚至能带来愉悦。它是父亲或母亲更深入地了解伙伴关系的实质，使家长们能相互帮助，而最主要的是，它使家长们有可能与孩子们交流印象，在这样的谈话中可以对孩子的伙伴们、对他们的行为、对某个行动的正确或错误、对孩子的某种主意的益处和害处，陈述自己的意见。

实施家庭制度的一般方法就是这样的。每个家长在运用这样的一般指示时，都有可能制定出最适合自己家庭特点的家庭日常生活制度。家长与孩子之间的规范性关系的形式是一个十分重要的问题。在这个问题上，可以遇到给教育带来极大危害的、形式极其多样的夸张的说法和过火的做法。有的家长滥用劝说，有的滥用各种各样的解释性谈话，有的滥用爱抚，有的滥用命令，有的滥用鼓励，有的滥用惩罚，有的滥用让步，有的滥用强硬措施。在日常的家庭生活中，当然在许许多多情境下采用抚爱、谈话、强硬措施，甚至让步都是合适的。但是当问题涉及制度时，所有这些形式都应该让位给一种最主要的形式，这种唯一的和最好的形式就是命令。

家庭是人很重要的、责任重大的事业。家庭使生活充实，家庭带来幸福。但是，每个家庭，尤其是在社会主义社会生活中的家庭，首先是具有国家意义的重大事业。所以，家庭制度首先应该作为事务制度予以建立、发展和实施。家长不必害怕事务性的语调，家长不应该认为事务性的语调与父亲或母亲热爱孩子的情感相抵触，不应该认为事务性语调会造成乏味的关系和对他们的冷淡态度。我们坚信，只有真正的、严肃的事务性的语调，才可能营造出正确教育孩子、发展家庭成员之间的相互尊重和爱所需要的那种安宁的气氛。

家长应尽可能早地掌握安详的、沉着的、有礼貌的，但又总是坚定的语调，用这种语调对孩子发出事务性命令，让孩子从幼年起就习惯这样的语调，让他养成乐意服从命令和执行命令的习惯。与孩子随便怎样亲热都可以,也可以与他开玩笑,和他一起玩,但当有需要时应该善于简短地发命令,命令只说一次,发布命令时的模样和语调要使无论是您还是孩子,都毫不怀疑命令的正确性和执行命令的必要性。

家长应当很早,在第一个孩子才一岁半或两岁的时候,就学会这样发布命令。但是必须注意,您的命令应满足以下要求。

1. 发布命令时态度不应凶狠,不应叫喊和发怒,而应当像是在请求。

2. 命令孩子做的事应是他力所能及的,不应让他感到过分的困难和紧张。

3. 命令应当是合理的,即不应当违反常理。

4. 命令不应该与您的另一个命令或另一位家长的命令相矛盾。

如果发布了命令,就必须执行。如果您发布了命令,然后自己却把它忘记了,这是很不好的。在家庭中与在其他事情中一样,必须有经常的、不懈的监督和检查。当然,家长在进行这样的监督时,在大部分情况下应尽可能不让孩子察觉到,而对执行命令的必要性孩子一般不应产生怀疑。但是,有时候委托给孩子的工作比较复杂,而完成工作的质量具有很重要的意义,此时进行公开的监督是很恰当的。

如果孩子不执行命令,该怎么办呢?首先应该尽量不发生这样的事情。但是一旦发生了这样的事情,孩子第一次不听您的话,您应该重复一遍命令,但这一次要用较严肃的、较冷淡的语调,近似用这样的口气说:

"我让你这样做，但你没做。马上去做，以后再也不要有这样的事发生。"

对孩子再次下达命令，并一定要让孩子执行这个命令，同时您自己必须好好地想一想，认真考虑一下为什么这次会出现抵制您的命令的现象。您一定会发现，您自己也犯了什么错误，有什么事情没做对，忽略了了什么东西。应力求避免这样的错误。

在这一方面最重要的是不要让您的孩子增长不听话的经验，不要让家庭制度遭到破坏。如果您允许您的孩子们有把您的命令看作某种不必执行的东西的经验，那是非常不好的。

如果您从一开始就不允许孩子有这种不好的经验，将来您就永远也不需要诉诸惩罚。

如果制度从一开始就正确地得到发展，如果家长也能关注制度的发展，惩罚就不再需要。在好的家庭中任何时候都不采用惩罚，这正是最正确的家庭教育方法。

但也有这样的家庭，在那里教育已被放弃，在那里没有惩罚就寸步难行。在这种情况下，家长通常非常糟糕地求助于惩罚手段，却往往于事无补，反而把事情搞得更糟。

惩罚是很困难的事情，惩罚措施要求教育者非常机敏和谨慎。所以，我们建议家长们尽可能不采用惩罚。首先应该努力修复正确的制度。做这项工作当然需要花费很多的时间，必须有耐心，要心平气和地等待结果。

在万不得已的情况下可以采用几种形式的惩罚,如不许出去玩和娱乐(如果已预定去看电影或马戏,则可以延期);如果给零用钱的话就停发;不许去同学家。

再次请家长们注意,如果没有正确的制度,惩罚本身不能带来任何好处。如果有了好的制度,即使没有惩罚也能如鱼得水,只是需要更多的耐心。在家庭的日常生活中,组织好正确的经验比矫正不正确的经验,任何时候都要重要得多和有益得多。

采用奖励措施同样需要谨慎。任何时候都不应事先宣布要给什么奖品或奖赏。最好奖励仅限于简单的表扬和称赞。孩子得到的欢乐、满意、娱乐,不是对他的好的行为的奖励,而是以自然的方式对其正当需求的满足。孩子所必需的东西,在任何情况下都应该给他,不管他有无功绩;而孩子不需要的或对孩子有害的东西,决不可以作为奖品给他。

我们总结一下本讲的内容。

必须把纪律和制度区分开。纪律是教育的结果,制度是教育的手段。因此,制度根据不同情况可以具有不同的性质。每种制度都应具有目的性、确定性、准确性的特点。制度既应涉及家庭内部的生活,也涉及外部的生活。命令和对执行命令的监督,是制度在家庭事务环境中的表现。制度的主要目的是积累纪律方面的正确经验,最令人担心的是不正确的经验。有了正确的制度就不再需要惩罚,一般应该避免惩罚和多余的鼓励。最好在任何情况下,都寄希望于正确的制度和耐心地等待结果。

第五讲　家庭经济

每个家庭都有自己的经济。我们的家庭与资产阶级社会中的家庭不同,它只有劳动的经济,这种经济不以剥削别人为目的。这种经济可以增长和扩大,但这不是因为家庭成员获得了某种利润,而完全是家庭成员工资的提高和节约家庭开支的结果。我们的家庭的经济仅由个人使用的物资构成,其中不包括生产资料,在我国生产资料属于全社会。

资产阶级家庭中常常是这样的:富裕的家庭往往把自己的部分财产转化为生产资料,用来剥削被雇用的劳动力,从而使自己更富有并扩大再生产。我们的家庭是劳动的家庭,不可能有这样的财富。这就是说,如果我们的家庭富裕了,那只是表明一件事:家庭生活得更好,更幸福,获得更多的个人使用的物品,更多地满足自己的需求。每个家庭都力图通过改善自己的经济来改善自己的生活,这是很自然的。但是我们的家庭不是靠残酷地剥削他人来改善自己的经济条件,而完全是由于家庭成员通过自己的劳动参与全体苏维埃人民的共同生活和共同工作。我们家庭的富裕,与其说是由于这个家庭的努力,不如说是由于整个苏维埃国家的成就,由于它在经济和文化战线上的胜利和成就。

每个孩子都是家庭的一员,所以也是家庭经济的参与者,在一定程度上也是整个苏维埃经济的参与者。对我们的孩子们所进行的经济教育应该归结为不仅要培养家庭的经济成员,还要培养主人——公民。

在资产阶级社会中对教育者没有提出这样的目的要求。在那里每个人关心的只是发展私有经济，在庞大的私有经济中国家经济的地位微不足道。

在我们这里，每个人在自己的一生中都必须参与公共的国家经济，他对这项工作准备得越好，他将给整个苏维埃社会和他个人带来更大的利益。

所有这一切家长应该很好地知道并很好地懂得，应该更经常地思考这些问题，并且经常根据关于教育目的中明确的政治观念去检查自己的教育方法。

许多家长认为，只有在与孩子谈话和聊天时，在指导他们游戏和指导他们如何对待他人时，才在进行教育工作。在所有这些方面确实可以做许多在教育上有益的事情，但如果不在经济方面对孩子进行教育，其好处是不大的。要知道，您的孩子不仅应该成长为好的、诚实的人，还应成长为好的、诚实的苏维埃的主人。

家庭经济对于培养未来的公民——主人的许多很重要的性格特点，是一个很合适的领域。在短短的这一讲中，不可能列举所有这些特点，我们只谈几个主要的。

通过在家庭经济方面的正确指导可以培养以下品质：集体主义、诚实、关心、节约、责任心、判断能力、操作能力。

现在我们分别研究其中的每一种。

集体主义　集体主义最简单的定义就是人与社会的团结一致。集体主义的对立面是个人主义。在有些家庭中由于家长很不注意这个问题，于是培养出一些个人主义者。如果儿童成长到青年时还不知道家庭的财产来自哪里，如果他只习惯于满足自己的需求，发现不了家庭其他成员的需求，如果他不把自己的家庭与整个苏维埃社会联系起来，如果他成长为贪婪的消费者——这就是在培养个人主义者，这种个人主义者将来可能给整个社会，也给他自己带来许多危害。

有些母亲和父亲正在不知不觉地培养这样的个人主义者。

这样的父母常常只关心让自己的孩子什么都有，让孩子吃得好，穿得好，供给他玩具，满足他的享受。他们做所有这一切完全是出于自己的无限的善良和爱，放弃了自己的许多需要，甚至最必需的需要。而孩子对此却置若罔闻，并慢慢地习惯于认为他比所有的人都好，他的愿望对父母来说就是法律。在这样的家庭里孩子对父亲或母亲的工作往往一无所知，他们不知道父母的工作有多么困难，这种工作对社会是多么重要和有益。关于其他人的工作他们就更什么都不知道了，他们只知道自己的愿望和满足自己的愿望。

这是非常不正确的和有害的教育方法，这种错误的受害者多半是家长。在我国只有集体主义者的教育才是正确的，家长应该系统地进行这样的教育。关于这种教育我们提出以下建议。

1. 孩子应尽可能早地知道父亲和母亲在哪里工作，做什么工作，这种工作有多么困难，他们作出了多大的努力，取得了什么样的成就。他应该知道他的父亲和母亲在生产些什么，这种生产对全社会具有什么样的意义。一有机会家长就应向孩子介绍自己的一些同事和工作中的合作者,向他讲述他们工作的意义。即使父亲或母亲对某个人有反感,也不必用对此人不赞许的评语让小小年龄的孩子生厌。

一般来说,孩子应尽可能早且很好地懂得,家长带回家的那些钱,不仅仅用来购买可以消耗掉的舒适的东西,而且这是在从事重大的、有益的社会劳动的基础上得到的工资。家长总是能找到时间和用简明的语言告诉孩子所有这一切。当孩子长大一点时,必须用同样简明的语言更多地告诉他,全苏联其他类似企业的情况,讲述这些企业的工作和成就。如果有机会的话,还应该带孩子参观工厂,向他们讲解生产过程。

如果母亲不在机关、工厂工作,而在家里做家务工作,孩子也应该知道这种工作,尊重这种工作,并懂得这种工作也需要付出努力和辛劳。

2. 要让孩子尽可能早地了解家庭预算。他应该知道父亲或母亲的工资。不应该向孩子隐瞒家庭的财务计划,相反,应该逐步吸引他参加讨论家庭的财务计划。他应该知道父亲或母亲需要些什么,这种需要有多大和多迫切,还应学会为了更好地满足家庭其他成员的需求而放弃满足自己的某些需求。尤其应该吸引他参加讨论涉及家庭共同需求的那些问题:购买餐具、家具、收音机、书籍、报纸,等等。

3. 如果家庭的物质条件很好,决不可以让孩子因此而在其他家庭面前炫耀自豪,不可让他习惯于夸耀自己的服装、自己的住宅。孩子应该懂得，没有任何理由为家庭的富裕而自高自大。即使有的家庭有一些富余的钱财，也完全不应该满足孩子的额外需求，而应把钱最好花在满足家庭的共同需求上，最好用来买书，而不是买衣服。

但是如果家庭由于各种原因很难满足自己的需求，就必须使孩子不要去羡慕其他家庭，不要产生离开自己的家庭转到其他家庭中去的念头。孩子应该知道，为改善生活而不懈奋斗，比有多余的钱更值得自豪。正是在这样的家庭中需要培养孩子有忍耐精神，培养他去追求可以在我国实现的美好未来，让他学会相互谦让并乐意与同学分享。家长在孩子面前任何时候都不可以沮丧和抱怨，应该尽可能地精神抖擞和乐观，永远向往更美好的生活，通过改善家庭经济和提高自己的工资去追求更美好的生活。在这样的家庭中出现的每一点真正的改善，都必须被注意到并予以强调。

诚实　诚实的品质不是从天上掉下来的，它是在家庭中培养出来的。在家庭中也可能培养出不诚实的品质，这一切都取决于家长的教育方法是否正确。什么是诚实？诚实就是坦率、真挚的态度。不诚实就是诡秘的、躲躲闪闪的态度。如果孩子想吃苹果并公开地提出这个要求，这就是诚实。如果他把这个愿望隐藏起来，但也不拒绝苹果，而且力图不让任何人发现便拿到苹果，这就是不诚实。如果母亲瞒着其他孩子（即使是别人家的孩子）给这个孩子一只苹果，她就在这个孩子身上培养对物品的诡秘态度，所以也是在培养不诚实的品质。在家庭日常生活范围内对物品的诡秘态度、经济上的个人秘密、偷偷地给东西吃、隐藏几块糖——所有这一切都会诱发不诚实品质的萌芽。只有当孩子年龄稍长一点时才应教会他区分有益的秘密，即必须向敌人、仇人隐瞒的那种秘密，或一般应属于每个人的个人感受的那种秘密。幼年的孩子越坦率，他的任何秘密越少，对他的教育就越好。

家长应该特别注意发展儿童诚实的品质。他们不应有意向孩子隐瞒任何东西，还要教孩子养成不经许可不拿任何东西的习惯，即使这件东西就在眼前，没有被锁起来，没有被藏起来。可以特意把任何诱人的东西放在一眼就能看到的地方，培养孩子平静地对待这种东西的习惯，没有贪婪的欲望。对待藏得不严密的东西的平静态度，必须从孩子幼年起培养。同时在家庭中不应该没有秩序，所有的东西都乱扔乱放，不作任何清点，谁也不记得什么东西放在什么地方。这样无秩序的情况当然会助长孩子对物品的任性态度，他随意处置这些东西，对谁也不说，这样就养成诡秘的、擅作主张的习惯。

如果您让孩子去买什么东西，一定要检查他买回来的东西和找回来的钱。坚持这样做直至孩子已坚定地形成了诚实的行为习惯。这种检查必须进行得很巧妙，不让孩子感到您在怀疑他什么。

再次提请家长们注意，诚实的品质应该从小培养。如果您在孩子5岁前疏忽了这件事，那么就将很难弥补这种疏忽。

关心 家庭日常用品慢慢坏了，需要更换新的。新的东西需要买，因此要花掉家长和家庭其他成员挣来的一定数量的钱。孩子会看到，一些东西常常用坏，又常常去买另一些东西。要让孩子从小就养成合理地使用物品的习惯,而不是让物品去支配孩子。一个好的主人总是应该事先发现他的什么东西开始变旧,不让物品很快用坏,及时地修理它们,只买确实需要的那些东西,而不买他在市场上或别人家里偶尔看到的那些东西。所有这一切构成人的活动中被称作关心的那一部分活动。并非任何的关心都是好的。常常有的人满怀关心到了极点,以至于由于关心而忘却了所有其他的一切。这样的关心是痛苦的,苏维埃的主人具有的关心不应该是这样的。我们的公民的关心应具有以下特点:平静的心境,大大超前的理智的盘算,怡然地选择需要的东西,拒绝不需要的东西的能力。苏维埃人的关心最主要的特点是它不同于贪婪。应该让孩子对家庭的其他成员,而不是对自己表现出这种关心,尤其要让他关心家里的共同的东西。在关心中隐含着计划性、预见性的最重要的萌芽。苏维埃人的关心与资产阶级家庭聚敛者的贪婪的区别就在于此。家长应从小教孩子养成计划性的习惯。他们应时常在家中讨论各种已成熟的需求,拟定满足这些需求的途径。如果孩子知道,譬如说,像沙发这样的东西已用旧了,需要修理或更换,如果这种需求对所有的人都是显而易见的,那么孩子就会早早地将自己的个人需求与家庭的共同需求协调一致,甚至会自己提醒家长这一需求。在这方面重要的是,要培养孩子注意重要的小事情及其它们之间的相互关系。常常有这样的情况,某种贵重的东西由于没有把握住对它的保养中的某些小事而被弄坏了,这种小事正是主人应该注意到的。

节约　节约是关心的一个特殊方面,关心更多地表现在人的思想中、思考中，而节约更多地表现在习惯中。一个关心备至的主人可能同时是一个完全没有节约习惯的人。这种习惯应尽早培养。孩子从幼年起就应该学会吃东西，不弄脏桌布或衣服，他应该会使用物品，不把它们弄脏和弄坏。养成这样的习惯有一定的困难，但无论如何都必须培养这种习惯。如果没有这种习惯，任何说教都是无济于事的。习惯的形成要通过反复地练习。所以必须关心正确的练习。如果男孩在房间里奔跑，碰倒了椅子，这时不必对他说一大套要爱护椅子之类的话，只需对他说：

"也许不碰倒椅子你也能跑过去？好吧，再试一试。好极了！你会把这做得很好。"

假设7岁的孩子弄脏了或撕破了衣服，应该给他一件没坏的衣服，并对他说：

"给你衣服，这是干净的。给你一星期的时间，到那时看看它将怎么样。"

必须激发儿童经常练习节约的愿望，使他如此地习惯于穿干净的鞋子，以至无法忍受再穿脏鞋。

不仅应对自己家里的东西节约，还应对他人的东西，尤其是对公用物品表现出节约的态度。因此任何时候都不允许孩子漫不经心地对待马路上的、公园里的、剧院里的物品。

责任心 责任心包含着不仅是一个人害怕受到惩罚，还包含着即使没有惩罚一个人，也会因为他的过错损坏或毁坏了东西而感到不自在。苏维埃公民正需要培养这样的责任心,所以不应因孩子损坏了东西而加以惩罚或以惩罚相威胁,而应让孩子自己看到,由于他对物品不爱惜的态度所带来的危害,并为自己的马虎感到懊恼。关于这一点当然必须对孩子说,必须向他解释粗心、马虎带来的全部后果,但更有益的是让孩子通过自己的经验感觉到这种后果。例如,如果孩子弄坏了玩具,不必急急忙忙地给他买新的,也不必扔掉坏了的玩具,而必须让孩子在一段时间里能看到它并修理它。父亲和母亲应该谈论并商量如何修理坏了的玩具,让孩子看到他惹来的多余的操劳,让他看到家长对玩具的态度比他小心和爱惜。但玩具修好时,有益的做法是父亲或母亲开玩笑地说:

"它已经修好了,只是给不给你呢?你会不会还是对它马马虎虎,再把它弄坏呢?"

在这样的情况下孩子开始懂得,他的行为会导致一些不愉快的结果,于是在他身上自然而然地就出现了一种责任感。孩子越长大,这种自然而然的责任感对他来说就越有必要,越习惯。如果现在他再表现出不应有的马虎大意,就不必再以与他开玩笑的方式来激发他的责任感,而应该用最严肃的语调要求他更有条理,甚至可以这样说:

"这太不像话了。注意不要让这样的事再发生。"

涉及家庭其他成员的利益,特别是涉及公共利益时,培养儿童的责任感尤其重要。如果家庭里有正确的集体的语调,那么进行这样的教育不是很困难的。

判断能力　这是一种最重要的能力,没有这种能力就不可能成为好的经济工作者。这是一种什么能力呢?这就是发现并理解此时此地周围一切详情的能力。如果一个人正在做些什么,他不应该忘记在他身后、在他旁边也有人,他们也在从事某些工作。如果一个人只习惯于看到自己眼前的东西,而对周围发生的事既看不到也感觉不到,那么就不可能有判断能力。在经济活动中判断能力具有极其重要的意义。孩子在做一件事的时候,不应该忘记自己其他所有的事和周围人们的事。在玩某种游戏的时候,孩子也不应忘记他也应该关心周围的许多其他事情。在完成家长交办的去商店买某件东西的任务时,孩子应该记住,他应该准时回家,应该知道他在完成了这项交办的任务后,还应为自己或为家庭做些什么。

为了形成这种能力,有益的做法不是只交给孩子一项任务,而是两三项,交给他有条件的或相互配合的任务。下面是这样的任务最简单的例子。

"整理一下书架,顺便按作者姓名把书分类。去买几条青鱼,但如果商店里有好的鲑鱼,那就不要买青鱼,买一条鲑鱼吧。"

判断能力要通过经常练习家务,了解家务的所有细节和各个部分来培养。

操作能力　当要完成一项超出了一个短暂的时间范围的较长期的事务工作时,必须具有这种能力。从七八岁起,常常还要更早些,就应交给孩子这样较长期的任务,例如:浇花、整理书籍、喂猫、照顾小弟弟。

处理钱的开支是特别重要的。在这里我们坚持要求每个家庭在让孩子花钱去满足他个人的,在某些情况下是家庭的共同需求方面给孩子一定的独立性。为此应该每月一次或数次给孩子一定数额的钱,这些钱应该怎么花,其用途很明确。这些钱花费在什么上面,根据孩子的年龄和家庭的经济状况可以是不一样的。例如,一个14岁的男孩可以这样花钱:买笔记本,坐电车,为全家买肥皂和牙粉,和弟弟一起去看电影。孩子年龄越大,他的这张开支清单就应该越负责任,越复杂。

同时必须注意男孩或女孩是如何完成交给他们的任务的,是否滥用了给他们的花钱的自由,为享乐花费的钱是否超出了办正事所花的钱。有时这样的错误是由于钱的数额规定得不合理造成的,但常常仅仅是由于孩子不够严肃地对待自己的权利和自己的可能性。在这种情况下只要简单地与孩子谈一谈,让他注意他的错误,劝他改正错误。在任何情况下都不应用没完没了的检查,更有甚者,持一贯的不信任态度让孩子感到厌烦。需要做的只是善于发现孩子在完成交给他的工作时的行为。

我们结束了对家庭经济主要特点的分析。家长本人通过自己的经验也将找到对儿童进行正确的经济教育的许多各种各样的练习。同时家长们应该牢记,在培养好的、诚实的主人的同时,也是在培养好的公民。重要的是要以集体的、安详的,同时又是有纪律的方式组织家庭经济活动,使得在家庭经济活动中没有过多的急躁和牢骚,要有更多的朝气和对改善家庭生活齐心合力的追求。

现在总结一下本讲的内容。

家庭的经济活动是进行教育工作极其重要的方面。以下品质正是在家庭经济中培养的。

集体主义，即一个人与工作和他人的利益、与全社会的利益真正地协调一致。培养集体主义的方法是让儿童接近家长的活动环境，让儿童参加家庭经济预算，在家庭经济富裕的时候要俭朴，在家庭生活困难的时候要保持自尊。

诚实，即对人和事坦率的真诚的态度。

关心，即经常注意家庭的需要和满足这些需要的计划。

节约，即爱护物品的习惯。

责任心，即在损坏或毁坏了东西时的过失感和不自在感。

判断能力，换句话说，能注意到整个事物和问题的能力。

操作能力，即安排时间和工作的能力。所有的家庭经济活动都应该是集体的经济活动，应在安详的气氛中进行，不要急躁。

第六讲　劳动教育

没有劳动教育，正确的苏维埃教育是不可想象的。劳动永远是人类生活的基础，是创造人类生活幸福和文明的基础。在我们的国家中劳动不再是剥削的对象，劳动成为光荣、荣誉、豪迈和英勇的事情。我们的国家是劳动者的国家，我们的宪法中写着："不劳动者不得食。"

所以,在教育工作中劳动应该是最基本的因素之一。

现在我们较详细地分析一下在家庭中进行劳动教育的意义和作用。

第一,家长尤其应该牢记的是以下所述的内容。您的孩子将是劳动社会的一员,所以他在这个社会中的作用,他作为公民的价值,将完全取决于他参加社会劳动的能力,取决于他对这种劳动的准备程度。这还将决定他的幸福、他的物质生活的水平,因为在我们的宪法中是这样写的:"各尽所能,按劳分配。"我们很好地知道,所有的人生来就具有大致相同的劳动条件,而其中一些人能够工作得好一些,另一些人则差一些;一些人只能从事最简单的劳动,另一些人则能从事较复杂的劳动,从而也是更有价值的。人的这些不同的劳动品质不是天赋的,这是在人的一生中,尤其是在人的青年时期培养出来的。

因此,人的劳动准备、劳动品质的培养,这不仅是对未来的好的或不好的公民所作的准备和教育,也是为他未来的生活水平、他的幸福所进行的教育。

第二,劳动起源于需要,起源于生活的必需。在人类历史的绝大部分场合下,劳动始终具有强制的、沉重的活动性质,是为了免于饿死不得已而为之。即使在旧时代里,人们也在努力成为不仅是劳动力,而且是创造力。只是在阶级不平等和剥削的条件下,人们并不总是能够达到这一目的的。在苏维埃国家中每种劳动都应该是创造性劳动,因为它完全是为了创造劳动者的国家的社会财富和文化。教会创造性劳动,这是教育的一项特殊任务。

只有当人热爱工作时,只有当他自觉地意识到工作中的快乐,懂得劳动的利益和必要性时,只有当劳动成为他表现个性和才能的基本形式时,创造性的劳动才是可能的。

只有当牢固地形成了努力劳动的习惯时,只有当如果任何有意义的工作不再令人感到不快时,才可能出现上述的劳动态度。

那些畏惧工作、害怕出力、害怕在劳动中流汗的人,那些每做一件事就只想着尽快摆脱工作并开始其他什么事情的人,是根本不可能从事创造性劳动的。这种人对其他工作只有在还未着手干之前才有好感。

第三,通过劳动付出的努力不仅培养人的工作修养,还可以培养同志关系,即培养对其他人的正确态度,这将是一种道德修养。那种不断地设法逃避工作的人,那种心安理得地看着别人工作、享受别人的劳动成果的人,在苏维埃社会中是最没道德的人。相反,共同努力劳动,在集体中工作,人们进行劳动互助,他们之间保持经常的劳动上的相互依存关系,才能建立人与人之间正确的相互关系。这种正确关系不仅在于每个人都把自己的力量贡献给社会,还在于他也同样地要求其他人,他不能忍受与寄生虫一起生活。只有参加集体劳动才能使人形成与其他人正确的、道德的关系——对所有的劳动者保持亲人一样的爱和友谊,对懒人、逃避劳动的人表示出愤慨并进行谴责。

第四,认为劳动教育只能使肌肉发达或者发展外部品质——视觉、触觉、发展手指,等等,这是错误的。在劳动中发展体力当然也是有重要意义的,是体育的一个重要的和完全必要的因素。但是劳动的主要益处在于人的心理的、精神的发展。这种精神发展应是人的主要特点。

第五,还有必要指出一种情况,遗憾的是我们对此不够重视。劳动不仅具有社会生产的意义,而且对个人生活也具有重要意义。我们很好地知道,那些会做许多事情的人,那些做任何事情都能成功和工作很顺利的人,那些在任何情况下都不会不知所措的人,那些善于掌握事物和调度它们的人,生活得更快乐、更幸福。相反,我们总会可怜那些人,他们在每件小事面前都束手无策,他们不会处理自己的事情,永远需要保姆照顾、朋友效劳和帮助,如果谁也不去帮助他们,他们就将生活在不舒适的环境中,过着不整洁的、肮脏的、得过且过的生活。

家长应该很好地考虑上面指出的每一种情况。在自己的生活中和在自己的熟人的生活中,他们不断地看到证实劳动教育的重要意义的事例。在对自己的子女的教育工作中,家长任何时候都不应该忘记劳动原则。

当然,在家庭范围内很难对儿童进行通常称为技能的劳动教育。家庭不适合培养很好的专业技能,男孩或女孩是在某个社会组织中——在学校、工厂、机关、训练班中获得技能的。家庭在任何情况下都不应追逐某个专业领域的技能。在旧时代通常是这样的:如果父亲是鞋匠,那么他就把自己的手艺教给儿子;如果父亲是木匠,那么儿子就要"习惯于"做木匠活。而女孩,众所周知,理所当然地被培养为家庭主妇,不期望她们能做更多的。在苏维埃时代,国家关心未来公民的技能,国家拥有许多强大的、装备良好的机构。

但是家长决不应该认为家庭教育与获得技能没有任何关系。正是家庭中的劳动准备对一个人将来掌握技能具有重要意义。孩子在家庭中获得正确的劳动教育,他将来就能很有成效地进行自己的专业准备。而那些在家庭中没有获得任何劳动经验的孩子,他们就不可能获得好的技能,他们会遭到各种各样的失败,他们将成为不好的工作者,尽管国家机关已作出了很大的努力。

家长同样也不应认为,我们把劳动仅仅理解为体力劳动、肌肉的工作。随着机器生产的发展,体力劳动逐渐失去了它过去在人类社会生活中所具有的意义。苏维埃国家正在努力完全消灭繁重的体力劳动。我们已经看到,在房屋的建筑工地上用机器传送砖块,担架在建筑工地上的作用越来越小了。在我们的工厂中,尤其在革命后建成的那些工厂中,完全消灭了繁重的体力劳动。人越来越成为巨大的有组织的机器力量的主宰者,现在对他的要求越来越不是体力上的,而是智力上的:管理能力、注意力、核算能力、发明才能、应变能力、机智。我们的斯达汉诺夫运动,是我国的一个了不起的现象,它根本不是动员工人阶级的体力,而恰恰是创造性地动员工人阶级的精神力量,这种精神力量是被伟大的社会主义革命从强力中解放出来的。真正的斯达汉诺夫工作者主要依靠的不是自己的肌肉,他采用新的方法安排材料、工具,采用新的设备、新的工作方式去获得自己的成功。关于这一点家长们也应该永远记住。家长在自己的家中培养的不应是埋头苦干的劳动力，而应该培养斯达汉诺夫工作者——从事社会主义劳动和获得社会主义成就的人。

所以我们不应该认为，在苏维埃教育中体力劳动与脑力劳动之间存在着本质的区别。在任何一种劳动中，最重要的方面首先是对劳动力的组织，是从事劳动的人。

如果我们交给男孩或女孩去干的始终是同样的事，只需要他（她）耗费肌肉能量的同样的体力工作，这种劳动的教育意义是十分有限的，虽然不能说这样的劳动是完全无益的。孩子将会习惯于努力劳动，将参加社会劳动，并在道德上形成与其他人劳动平等的思想，但如果我们不在劳动训练上增加有趣的组织任务，这仍然不是真正的斯达汉诺夫式的劳动教育。

劳动教育中最重要的是下面的方法。向孩子提出他运用某种劳动手段能够完成的一定的任务，这个任务不一定要在短时间内完成，完成它可以需要一两天的时间。这个任务可以具有长期性，甚至可以延续几个月、几年。重要的是给孩子一定的选择手段的自由，并且孩子对工作的完成及工作完成的质量承担一定的责任。如果对孩子说下面的话是没什么好处的。

"给你扫帚，把房间打扫一下，这样做……"

较好的做法是，如果您让孩子长期保持某个房间的清洁，而怎样保持清洁，让孩子自己去解决并对此负责。在第一种情况下您只向孩子提出了运动肌肉方面的任务,在第二种情况下您向孩子提出了组织方面的任务,后者比前者的水平高得多,有益得多。所以劳动任务越复杂,越有自主性,它在教育方面就越有益。许多家长没有考虑到这一点。他们让孩子做这样那样的事情,但分散在过于细小的劳动任务中。他们让男孩或女孩去商店买某种东西,如果让孩子经常有一些需要他关心的事,譬如说,经常关心家里有无肥皂或牙粉,这样做将会好得多。

孩子应该很小就参加家庭生活中的劳动。应该在游戏中开始劳动。应该向孩子指出,他要对所有的玩具,对放玩具和他游戏的地方的清洁和秩序负责。必须概括地向孩子布置这样的工作:应该保持整洁。东西不应到处乱扔,玩具上不应有灰尘。当然可以向孩子演示某些收拾、整理房间的方式,但一般来说,如果孩子自己领悟到,要去掉灰尘就需要有一块清洁的抹布,如果他自己向妈妈要这样的抹布,如果他对这块抹布提出了一定的卫生要求,如果他要求得到一块更好的抹布,等等,这样就最好。也应该同样地允许他在他力所能及的范围内去修理损坏了的玩具,当然要为他提供一些供他支配的材料。

随着年龄的增长,劳动任务应日趋复杂并与游戏分开。我们列举几种儿童的工作,希望每个家庭根据自己的生活条件和孩子的年龄修正和补充这份劳动项目清单。

1. 为一间房间或整个单元内所有房间里的花浇水。

2. 擦掉窗台上的尘土。

3. 吃饭前铺好餐桌。

4. 关心盐瓶、芥末罐。

5. 关心父亲的书桌。

6. 负责书架或书柜,保持整洁。

7. 取报并把报纸放在一定的地方,把新报纸与已读过的报纸分开。

8. 喂小猫或小狗。

9. 保持洗脸盆的清洁,买肥皂、牙粉和父亲的刮脸刀。

10. 全面负责一间房间或房间内的一定部分的整洁。

11. 缝自己衣服上掉下来的扣子,缝纫用的东西始终要放整齐。

12. 负责餐具柜的整洁。

13. 洗自己的、弟弟的、父亲或母亲的衣服。

14. 用相片、画片和图片装饰房间。

15. 如果家里有菜园或花坛,负责管理其中的一定部分,包括播种、照料和收集果实。

16. 要保持使家里常有鲜花,为此有时要到城外去(这项工作适合年龄较大的孩子)。

17. 如果家里有电话,铃声一响应第一个去接电话,并制作家庭电话簿。

18. 对家庭成员最常去的地方,制作乘车路线指南。

19. 年龄较大的孩子要独立计划和安排家里人去看戏和看电影,了解节目单,去买票并把票保存好,等等。

20. 保持家庭药箱的整洁,负责药品的及时补充。

21. 注意使房间里不出现寄生虫:臭虫、跳蚤,等等,采取有效措施消灭它们。

22. 帮助母亲或姐姐做一些家务。

每个家庭都有许多类似的、孩子多多少少感兴趣的和力所能及的工作。当然不应该让孩子承担过多的工作,但在任何情况下家长的劳动负担和孩子的劳动负担都不应该有明显的区别。如果父亲或母亲干家务很吃力,孩子应该主动去帮助他们。常常有另外一种情况:家里有保姆,孩子养成了习惯让保姆去代他干本应他自己干的事情。家长应该很好地检查这种情况,要尽可能地做到使保姆不再去做孩子能够并且应该自己去做的那些工作。

同时应该永远记住,孩子在学校学习时,学校让孩子负担了相当多的家庭作业。当然应该把学校的工作看作是最主要的和第一位的。孩子应该很好地懂得,他们完成学校的工作不仅是在履行个人的职责,也是在履行社会的职责,他们不仅对家长,还要对国家为自己在学校中工作的成绩负责。另一方面,如果只重视学校的工作,而把所有其他的劳动任务都弃之一旁,这是不对的。把学校工作如此特殊化是很危险的,因为这会使孩子蔑视自己家庭成员的生活和工作。在家庭中应该永远感觉到集体主义的气氛,家庭的一些成员应该尽可能多地去帮助另一些成员。

有人会问:什么样的措施才能够和理应激发孩子从事某种劳动?这样的措施是多种多样的。在幼年时当然需要对孩子进行许多的提示和演示，但是，让孩子自己去发现某种工作的必要性，并看到母亲或父亲没有时间去做这件事，让他自己主动地去帮助自己的家庭集体，一般应该认为这是最理想的形式。培养这样的劳动愿望，培养自己对集体需求的关心，这就意味着在培养真正的苏维埃公民。

孩子常常由于缺乏经验，由于判断力差，不能独立发现某件工作的必要性。在这种情况下，家长应该谨慎地进行暗示，帮助孩子弄明白对这件任务的态度并参与完成这项工作。最好是引起孩子对工作的单纯的技术兴趣，但不可滥用这种方式。孩子应该善于完成那些他没有特别兴趣的工作，那些最初看来是很枯燥乏味的工作。一般来说，应该这样进行教育，使孩子作出劳动努力的决定性因素不是某项工作的趣味性，而是它的有益性和必要性。家长应该培养孩子耐心地、不气馁地完成不愉快的工作的能力。随后，随着孩子的发展，甚至最不愉快的工作也会给他带来快乐，如果这项工作的社会价值对他是显而易见的话。

在对必要性不够了解或兴趣不高的情况下，为引起孩子的劳动愿望，可以采用请求的方式。请求与其他号召方式的区别在于，它给予孩子充分的选择自由。请求就应该是这样的。提出请求的方式应使孩子觉得他执行请求完全是出于自己美好的愿望，没有受到任何强迫。应该这样说：

"我对你有个请求，虽然这有点难，因为你还有许多其他的事情要做……"

请求，这是最好的、最缓和的号召方式，但也不应滥用请求。当您很清楚孩子将很乐意完成您的请求时,运用请求方式是最合适的。如果您对此有点怀疑,应采用通常的布置任务的方式,沉稳地、充满信心地、干练地布置任务。如果从您的孩子幼年起您就轮换地使用请求和布置任务,尤其是如果您激发起了孩子个人的主动性,您教会他自己发现工作的必要性,并主动地完成工作,您的要求就不会落空。只有当您忽略了教育时,您有时就不得不采用强制的手段。

强制的形式可能是多种多样的,从简单地重复布置任务到生硬地、苛求地重复布置任务。无论在哪种情况下,任何时候都不得从体力上进行强制,因为这是最无益的并会引起孩子对劳动任务的厌恶。

最让家长困惑的问题是应该怎样对待所谓的懒孩子。应该说,懒惰,即对劳动的厌恶,只有在极少的情况下可以解释为由于身体状况不好、身体虚弱、精神疲惫。如果是这种情况,最好是去看医生。在大部分情况下,孩子的懒惰是由于不正确的教育助长的,从孩子幼年起家长就没有培养孩子的毅力,没有教会他去克服困难,没有激发他对家务的兴趣,没有培养他的劳动习惯和享受劳动带来的乐趣的习惯。

与懒惰斗争的方法只有一个:逐渐让孩子参加劳动,慢慢地激发他的劳动兴趣。

在与懒惰作斗争的同时,还要与另一个缺点作斗争。有的孩子很愿意完成任何工作,但工作起来没有热情,没有兴趣,没有思想,也没有快乐。他们工作仅仅是因为想避免不愉快的事情,避免受到责备,等等。这样的工作很像牛马做的苦工。这样的工作者可能完全丧失对自己劳动的监督,养成对工作毫无批判的态度。他们长大后将成为很容易屈从剥削的人,一生只知道为所有的人服务,帮助所有的人,甚至帮助那些自己什么事情也不干的人。在苏维埃国家中不应培养这样的牛马般的顺从,因为这样的人,无论对自己的工作还是对其他人的工作,都没有道德上的要求。

在我们的国家中,在生产方面确实不可能有人剥削人的现象,但仍然有许多人爱好在家庭环境中,在日常生活中,在家中,享受其他人的劳动。

应该教育好孩子,使我们的社会中没有甘受剥削的现成对象,使任何剥削欲望即使在家庭环境中也不能得到发展。

因此,家长尤其要注意:除非相互帮助,哥哥不得享受弟弟的劳动,在劳动方面家中不得有任何的不平等。

关于劳动的质量问题我们还要讲几句。劳动质量应具有决定性的意义,必须始终并严格地要求高质量。当然,儿童还缺乏经验,他的体力还常常不能在各个方面理想地完成工作。应该要求他的质量是他完全力所能及的,是他的体力和理解能力完全能做到的。

同时不应因为孩子工作得不好而责骂他,羞辱他,呵斥他。应该简单明了地、心平气和地告诉他,他的工作做得不能令人满意,需要返工,或者需要修正或重新做。任何时候家长都不应自己代替孩子去做。只有在极个别的情况下,家长可以代做明显是孩子力所不及的那一部分工作,从而纠正我们自己在布置工作中所犯的错误。

我们坚决不主张在劳动方面采取任何的奖励和惩罚。劳动任务及其劳动任务的完成，本身就应该带来能让他体验到快乐的满足。承认孩子的工作做得很好，就是对他的劳动最好的奖励。您对他的发明创造，对他的机智、他的工作能力的赞许，就是这样的奖励。但是，即使这样的口头赞许也不可以滥用，尤其在您的熟人和朋友在场的情况下，不应因孩子所做的工作夸奖他，更不应因为孩子工作做得不好或没做完工作而惩罚他。在这种情况下，最重要的是设法使工作得以完成。

第七讲　性教育

普遍认为性教育问题是最困难的一个教育问题。确实，在任何一个问题上都没有如此多的混乱，发表了如此多的不正确的意见。然而，事实上这一问题并不多么困难，在许多家庭中很简单地就解决了，没有折磨人的犹豫。只有当孤立地看待这一问题时，只有当过分强调它的意义并把它从许多一般的教育问题中分离出来时，它才变得困难。

只有当家长明确了他们对自己的孩子进行性教育的目的时，才能正确地解决家庭中的性教育问题。如果家长明确这一目的，那么达到这一目的的途径也就清楚了。

每个人到了一定的年龄都会有性生活，但过性生活的不只是人，它是大部分动物生活的一个必要部分。

人类的性生活在本质上不同于动物的性生活，性教育的目的就包含于这一不同之中。两者的不同不是表现在好的方面,而是表现在不好的方面。动物需要性生活是因为它们需要繁殖后代,动物中几乎没有贪淫好色之徒。人追求性的愉悦常常不是想要孩子,这种追求有时具有混乱的、在道德上不正当的形式,给他本人和其他人带来不幸。人类经历了漫长的进化历史,人类的进化不仅作为动物物种,而且作为社会的生物。在人类的发展历史中,人类很早就形成了有关道德的许多方面的理想,其中包括对人的性关系的理想。在阶级社会中,为了满足统治阶级的利益,这些理想常常遭到破坏。在家庭的形式中,在妇女的地位中,在男子的专权中,我们可以看到这样的破坏。我们明确地知道,在某些国家中,确实还在买卖妇女;我们也知道多妻制的许多历史形式,把妇女仅仅看作供男子享乐的工具;我们也知道存在着卖淫这样的丑恶现象,男子只是用金钱去购买女子的短时间的温存;我们还知道有强制性的家庭牢笼,在那里男人和女人被迫地生活在一起,而不管他们是否愿意。

十月社会主义革命消灭了阶级社会所有这些丑恶的残余。它使家庭不再像锁链,它把妇女从来自男子对待妇女的各种各样侮辱欺凌的关系中解脱出来。只有在十月革命之后,才接近人类早就梦寐以求的那种理想。但是,有些人不能正确地理解这种新的自由,他们认为人的性生活可以混乱地替换配偶,可以进行这种所谓的自由恋爱。在严密组织的人类社会中,在社会主义社会中,这样的性生活必然导致有损于人的关系的简单化,导致关系的庸俗化,造成个人的痛苦、家庭的不幸和毁灭，使孩子成为孤儿。

人在自己的一生中，在性生活中，都不应忘记他自己是社会的一员，是自己国家的公民，是社会主义建设的参加者。所以苏维埃公民在与女子或与男子的关系上，不应忽略社会的道德要求，这种道德始终捍卫着全社会的利益。在性生活方面，这种社会道德向每个公民提出了一定的要求。家长应该教育自己的孩子，使他们不至于成长为做出反社会道德行为的人。

社会道德在性生活问题上有什么要求呢？它要求人——每个男子和每个女子的性生活，对生活的两个方面，即对家庭和爱情始终保持和谐的关系。性生活要建立在双方互相爱恋的基础上，表现在家庭中，即男子和女子公开的公民结合中，这种结合追求两个目的，一是人的幸福，二是生育和教育子女，社会道德只承认这样的性生活是正常的，有道德的。

由此性教育的目的也就清楚了。我们应该教育我们的孩子，使他们只能由于爱才享受到性生活的欢乐，使他们在家庭中得到自己的爱，自己的幸福。

谈到培养我们的孩子将来的性情感时，其实我们就应该谈谈对他们未来的爱情教育，以及如何把他们培养成未来的顾家的人。任何其他的性教育都必将是有害的和反社会的。每一位家长，每一个父亲和每一个母亲，都应该向自己提出这样一个目的，就是使他们培养的未来的男公民或未来的女公民，都只能在家庭的爱中得到幸福，使他们只能在家庭生活中寻找到性生活的欢乐。如果家长没有向自己提出这样一个目的,如果他们达不到这一目的,他们的孩子的性生活将会是很糟糕的,从而他们的生活将充满悲剧、不幸、卑劣,并有害于社会。

向自己提出这一目的后,家长应该考虑实现这一目的的手段。关于这些手段,他们可以在专门的著作中,在文学艺术作品中看到各种各样的意见和办法,各种相互矛盾的观点和建议。家长应该学会很好地分析这些意见,并把那些能帮助他们进行责任重大的教育工作,帮助他们达到自己提出的目的的意见,看作是正确的意见。

正确的性教育与任何人格教育一样,如果家庭生活一般说来组织得合理,如果真正的苏维埃公民在家长的指导下成长,那么当然可以随时随地地进行。

在爱情和家庭生活中起决定性作用的往往是人的一般能力、他的政治和道德面貌、他的发展情况、他的工作能力、他的诚实、他对自己祖国的忠诚、他对社会的爱。所以下面这些观点是完全正确的,即当家长和教育者还没有想到性教育问题时,就已经在随时随地地对未来的人进行性生活教育。一句老的格言"懒惰——一切罪恶之源",非常正确地反映出这一普遍规律,但是罪恶的根源不只有一个。不只是懒惰,人对正确的社会行为的任何偏离,都必然导致他在社会中做出罪恶的行为,其中包括混乱的性生活。

因此在性教育问题中,起决定性作用的自然不是专门用于性教育的某些个别的方法,而是整个教育工作,即作为一个整体的教育工作。

所以，教育孩子要诚实、有工作能力、真诚、坦率，有爱清洁的习惯、讲真话的习惯，尊重他人和他人的体验与利益、爱自己的祖国、忠诚于社会主义革命，从而我们也就在对孩子进行着性教育。在这些教育的一般方法中，有一些与性教育的关系大一些，有一些与性教育的关系小一些，但所有这些方法结合在一起，在相当大的程度上决定着我们对未来的顾家的人，对未来的丈夫和未来的妻子教育的成功与否。

但是也有一些教育方法和方式，似乎是专门为了有益于解决性教育问题而拟定的。有些人对这些方式和方法寄予特别的希望，认为它们是教育创造性的最智慧的表现。

必须指出，恰恰在这些专门的建议中，包含着最有害的性教育方法，对它们必须极其小心谨慎。

旧时代很注意性教育。那时候许多人认为，性的范畴在人的身体和心理结构中是具有决定性作用的范畴，认为人的所有行为都取决于性的范畴。这样的"理论"观点的拥护者竭力证明，对青年或少女的全部教育，就其本质而言就是性教育。

这些"理论"其中有许多已掩埋在书本中，甚至还没有传播到广大读者中间，但也有许多已广泛地传到社会，并演化出一些最有害的、最危险的意见。

这些"理论"的拥护者最关心的是如何让孩子特别理智地做好性生活的准备，让他不认为性生活中有任何"可耻"、任何秘密。为了达到这一目的，他们竭力尽早地把性生活的所有秘密告诉孩子，向他解释生育孩子的秘密。他们当然就会"大惊小怪"地指责那些"头脑简单的人"在欺骗儿童,给孩子讲关于鹳[12]和其他虚构的能生育子女的动物的故事。同时他们还认为,如果把一切都向孩子解释清楚,如果在孩子的观念中性爱不再含有任何可耻的东西,这就是进行了正确的性教育。

必须非常谨慎地对待这样的建议。应该非常冷静地对待性教育问题,不可把它变成无法补救的焦点。确实,孩子常常会问,小孩是从哪里来的,但是不必由于孩子对这个问题感兴趣,就迫不及待地在他幼年时把一切对他彻底解释清楚。孩子不仅对性问题中的一些事情不清楚,生活中的其他问题他也有许多不知道的,我们不必急于过早地用孩子不能理解的知识去加重他的负担。我们不会对3岁的孩子解释为什么会热和冷,为什么白天有长有短。我们同样也不告诉7岁的孩子飞机发动机的构造,虽然他也会对这个问题感兴趣。获得各种知识都有一定的时间,如果这样回答他就不会有任何危险:

"你还小,等长大了就会知道的。"

同时还必须指出,孩子对性的问题没有,也不可能有任何特别的、持久的兴趣。这样的兴趣只有在性成熟期才会到来,但到了这个时候,对儿童来说性生活中一般已没有任何神秘可言了。

因此,没有任何迫切的必要性,由于孩子的一个偶然的问题,就急急忙忙地向他公开"生儿育女"的秘密。在这些问题中不包含任何的性好奇,保守秘密不会给孩子带来任何情感体验和痛苦。如果您稍微机智地引开孩子的问题,与孩子开个玩笑,或对孩子笑笑,孩子就会忘记自己的问题,并去干其他什么事情。如果您开始与他谈论关于男女之间关系的最隐秘的细节,您必然在助长他心中对性范畴的好奇心,然后又会助长他过早地出现使他心绪不宁的幻想。您告诉他的那些知识,对他来说是根本无用的和无益的。然而,您在他身上所刺激出来的幻想游戏,却打下了为时过早的性体验的基础。

完全不必害怕孩子从自己的同学或女朋友那里得知生孩子的秘密,并将这些知识秘而不宣。在这种情况下,保守秘密根本不是可怕的事。人的生活中有许多方面是个人的隐私和秘密,不必与所有的人交流,不必向全社会公开,孩子应该对此养成习惯。只有当孩子对个人的私生活形成了这种态度,只有当他已很习惯于对某些事情保持纯洁的沉默,也就是当他年龄稍大点时,才可以对孩子谈性生活。这样的谈话只能在父子之间、母女之间严肃地、秘密地进行。这样的谈话是有效的和直接有益的,因为这与青年或少女对性生活的自然觉醒相一致。在这个时候这样的谈话已不可能带来害处,因为家长和孩子都已懂得,他们涉及的是重要的和秘密的课题,从利益上考虑这样的谈话是必要的。这种利益既是个人的,同时又是现实的。这样的谈话要涉及性卫生问题,尤其要涉及性道德问题。

承认这样的谈话在性成熟时期的必要性,同时也没有必要总是去夸大它的意义。说真的,如果由医生去进行这样的谈话,如果在学校中组织这样的谈话,那将好得多。在家长与孩子之间最好永远保持信任的和微妙的气氛、纯洁的气氛,对这些话题过于坦率的谈话有时会破坏这种气氛。

反对过早地与孩子讨论有关性的问题,还出于另一种考虑,即公开地、过早地讨论有关性的问题,会导致孩子草率地用纯理性主义的观点去对待性的范畴,为厚颜无耻打下基础,就是因为这种厚颜无耻,有时成人会非常随便地与其他人交流自己最隐秘的性体验。

与孩子进行这样的谈话,是从狭隘的生理角度向孩子提出有关性的课题。在这种情况下不会用爱情主题,即更崇高、更有社会价值的对妇女的态度的主题,使有关性的课题变得更高尚。

如果孩子对于爱情还没有任何认识,那么用什么样的语言才能对年幼的孩子说明有爱情的性关系才是正当的呢?这样的谈话不管您愿意还是不愿意,都会变成狭隘的生理方面的谈话。

在儿子或女儿稍大时与他(她)谈论性生活,您就有可能把性生活与爱情联系起来,并教育青年男女对所有这些问题怀着深深的敬意,这是一种公民的、审美的、人道的敬意。我们的青年男女可以公开地从文学作品中,从周围人们的经验中,从社会观察中熟悉有关爱情的主题。家长也应该依靠青年人已有的这些知识和概念。

性教育也应该是爱的教育,爱是一种伟大的、深邃的情感,是由生活、志向和希望的一致性装扮起来的情感。但进行这样的性教育不应过分地公开,过分地公开实际上是下流地收集狭隘的生理方面的问题。

怎样进行这样的性教育呢?在这里最主要的是榜样。父母之间真正的爱,他们彼此的尊重、帮助和关心、适当地公开流露的柔情和温存,如果这一切从孩子一出生起就在他眼前表露出来，就成为最有力的教育因素，必须让孩子注意到男女之间这种严肃的和美丽的关系。

第二个极重要的因素是培养孩子爱的情感。如果孩子在成长时没有学会爱父母、兄弟和姐妹、自己的学校、自己的祖国，如果他的性格中已形成了不文明的利己主义的萌芽，那么，就很难指望他会去深深地爱被他选中的那位女子。这样的人常常表现出最强烈的性情感，但总是不尊重吸引着自己的那位女子，不珍惜她的精神生活，甚至对此毫无兴趣。所以他们轻易地改变自己的恋情，离通常的贪淫好色已不远了。当然，不仅男人常有这样的情况，女人也一样。

非性爱的爱——友谊、童年时代体验到这种友爱的经验、长期依恋个别人的经验、从童年就培养的对祖国的爱，所有这一切都是将来培养对女友崇高的社会态度的最好方法。如果没有这样的态度，要在性的范畴内遵守纪律并予以约束，是很困难的。

所以，我们建议家长，要十分注意儿童对人和对社会的情感问题。必须关心孩子，要让孩子有朋友（家长、兄弟、同学），使他对朋友的态度不是随随便便的、利己主义的，使他能注意到朋友们的兴趣。必须尽可能早地激发孩子对自己的村庄或城市、对父亲所在的工厂，然后对我们的整个国家、对它的历史、对它的杰出的活动家的兴趣。当然，为了达到这样的目的仅仅进行谈话是不够的。应该让孩子多看，多思考，让他体验艺术感想。文学艺术、电影、戏剧，最适合达到这样的目的。

这样的教育在性教育方面也是积极的教育。这样的教育将培养出作为集体主义者所必须具有的那些个性品质和性格特点，这样的集体主义者在性方面的行为也将是有道德的。

家庭中建立起的正确的制度也将对性教育发挥有利的作用。男孩或女孩从童年起就习惯了遵守秩序，没有混乱的、不负责任的生活经验，他（她）的这种习惯以后就会迁移到对男人或女人的态度中。

正确的制度还有另一个更经常起作用的意义。性生活方面的杂乱经验，常常始于男孩和女孩偶然的、无规律聚会的条件下，始于无所事事、寂寞无聊、不受监督地消磨时光中。家长应该很好地知道孩子与谁来往，以及他们的会面是出于什么需要。最后，正确的制度有益于孩子正常的肉体上的自我感觉，它永远也不会使孩子过早地产生性感受。按时睡觉，按时起床，没有需要就不赖在被窝里——这就是很好的道德方面的，从而也是性方面的锻炼。

性教育的另一个重要条件，是让孩子有正常的工作负担和数量适当的需要他操心的事。关于这一点在其他各讲里已谈过了，但这个问题在性教育方面也具有重要意义。到了晚上，出现某种正常的令人愉快的疲劳感，每逢早晨布置一天的工作和任务——所有这一切都为正确地发展想象、均衡地分配孩子的精力，创造了重要的前提条件。在这样的情况下，孩子无论在心理上还是体力上都不会去追求空虚无聊的、懒散的闲逛，不会去渴望多余的想象游戏、偶然的会面和印象。在正确的和严格的制度下度过自己的幼年的那些儿童，一般长大后会对这种制度有好感，习惯于这种制度。他们与其他人的关系也会处理得更好。

体育运动也具有这种必然反映在性范畴中的、同样意义上的、正确的一般教育。正确组织的体育锻炼，尤其是滑冰、滑雪和有规律的室内体操，都是非常有益的，其好处是如此地显而易见和众所周知，因此已没必要赘述了。

上述所有的教育措施和原则，似乎不是直接为了达到性教育目的，但它们始终不渝地为这一目的服务，因为它们以最好的方式促进性格的培养，组织青年在心理和身体方面进行体验。它们是性教育最有力的手段。

只有在家庭中采用这些原理和方法的情况下，家长通过谈话，对儿童和青少年的直接影响才会变得更容易和更有效。如果没有遵守我们上面指出的条件，如果没有建立制度和组织体育活动，任何谈话，甚至最机智的、最及时的谈话，都不可能带来好处。

这样的谈话只能偶尔进行。任何时候都不可以进行超前的谈话，不可以在没有发现儿童行为中的任何问题之前就教训他一顿。同时也必须注意发现孩子行为中对规范的任何微小的偏离，不要放过任何小事，以免后来成为既成事实。

以下现象是进行这样的谈话的理由：随意的、下流的谈吐，对别人家里的丑事过分感兴趣，对恋人猜忌和不很纯洁的态度，对女孩子明显没有摆脱纯粹性兴趣的、轻浮的友谊，不尊重妇女，过分注重服装，过早地卖弄风情，对过分露骨地反映性关系的书感兴趣。

在孩子年龄稍大时这样的谈话应具有以下性质：说服、揭示和分析现象,指出对问题更积极的解决办法,告诫时引用其他男女青年的例子。

在孩子较小时这样的谈话应该简短,有时还不排除用直接禁止和责备的语调,简单地要求孩子的行为更纯洁。

如果可以从别人的行为中提出有关性的问题,家长可用他们的事情作为例子来与孩子谈话,这样产生的影响会好得多。在这样的谈话中,家长可以非常自由地表达尖锐的谴责,甚至厌恶的情感,在这种情况下可以指出,他们期待自己的儿女是另外的行为榜样,甚至如此坚信以至于不必再提自己的孩子。在这样的情况下任何时候都不必说:"任何时候都不要这样做,这样做不好。"而最好这样说:"我知道你不会这样做,你不是这样的人。"

第八讲　文化修养的培养

有的家长认为,文化修养的培养是学校和社会的责任,家庭在这方面可以什么也不做。有这种想法的家长是大错特错了。

有时候可以看到这样的家庭,他们非常注意孩子的饮食、衣服、游戏,同时相信孩子在上学之前应该好好地玩,养精蓄锐,而在学校里他将接触文化。

然而事实上,家庭不仅应该尽早地开始文化教育,而且拥有进行这项工作的很多有利条件,家庭应该尽可能好地利用这些条件。

家庭中的文化教育，并不是一件很难的事，但这句话只有在下面这样的情况下才是正确的，即如果家长不认为只有孩子才需要文化，不认为培养孩子的文化修养仅仅是他们在教育方面所尽的义务。

在家长自己不读报、不读书，不去剧院或电影院，对展览会、博物馆不感兴趣的那种家庭里，自然很难文明地教育孩子。在这种情况下，不管家长如何努力，他们的努力中总包含着不真诚的、矫揉造作的成分，孩子立即就会发现这一点并马上懂得，这不是很重要的事情。

相反，在有的家庭中，家长自己有着积极的文化生活，书报构成家庭日常生活的必需品，戏剧和电影中的问题令他们激动。在这样的家庭中，即使家长似乎没有考虑到文化教育，文化教育依然占据着自己的地位。由此当然不应该得出这样的结论，认为文化习惯的培养可以放任自流，认为放任自流是最好的工作方式。在这件事情上，与在任何其他事情中一样，放任自流都是很有害的，会降低教育质量，遗留下许多模糊不清和错误。有时候家长会两手一摊，惊讶地问自己："怎么会变成这样？""男孩或女孩从哪里来的这种想法，这种习惯？"放任自流常常是造成这种状况的原因。

如果自觉地、有计划地组织文化教育并有正确的方法和监督，在这种情况下进行的文化教育才是有益的。在孩子还很小时，早在孩子识字前，在孩子刚刚学会看、听和说、写什么的时候，就应该开始对他进行文化教育。

很好地讲故事——这是文化教育的开端。如果每个家庭的书架上都有童话故事集，那是非常好的。最近出版了很多很好的故事集。给年幼的孩子讲故事，许多故事当然需要压缩，修改语言，使孩子能完全理解所讲的故事。

可能家长还记得自己小时候听过的故事。

选择故事是很重要的。首先要筛选掉那些讲妖魔鬼怪、女巫、林妖、水怪、人鱼的故事。只有当孩子年龄大一点时，当他们能够抵制古代愚昧的杜撰时，才可以对他们讲这样的故事。这种抵制能力使孩子们能够从故事中，看到隐藏在对人类怀着某种仇视和凶狠的各种恶魔后面的艺术虚构。在幼年时孩子有可能把妖魔鬼怪的代表形象当作现实的形象来接受，有可能把孩子的想象力引向阴暗恐怖的神秘主义。

对年幼的孩子来说，有关动物的故事是最好的故事。在俄罗斯的童话宝库中，这类故事很多，也很好。在苏联其他各民族中情况也是一样的，有着丰富的故事资源。随着孩子的成长，可以过渡到讲一些关于人与人之间的关系的故事。

关于"小傻瓜伊凡"的故事很多，但必须从中挑选出一些故事，这些故事不突出人类的愚蠢，而是幽默地把小伊凡叫做傻瓜。属于这类故事的还有叶尔绍夫的美妙的故事《驼背小马驹》。故事中较严肃的部分反映了富人和穷人之间的斗争，反映了阶级斗争。我们希望家长们在处理这些故事时要谨慎一些：不要讲那些描写好人或孩子死去的阴暗的故事。一般说来，必须优先选择那些能激发热情、自信心、乐观主义的生活态度和对胜利的期望的故事。要同情被压迫者，但不应同时有宿命的、彻底绝望的想法。关于暴力和剥削的残酷形式的悲惨图景，只有对年龄较大的孩子才可以讲述。

看插图对发展孩子的想象和开阔他们对生活的认识，具有重要的意义。不必为此而专门选择儿童杂志，可以利用任何复制的图片、版画、照片，只要它们的内容合适就行。孩子在看这样的图片时一般会问许多问题，对细节、相互关系、原因感兴趣。回答这样的问题的方式必须是孩子能够理解的。如果这时提出了一个确实不能回答的问题，那么应该这样说："你还不懂，等长大了，就明白了。"这样的回答不会有任何坏处，它们让孩子养成习惯，即使在提出问题时也要衡量自己的力量，并引起他对更有趣的和严肃的未来的兴趣。这样的图片可以在半月刊杂志中以及诸如《下一代》、《火星》之类的杂志中找到。

只有在例外的情况下，才可以带年幼的孩子去剧院和电影院观看专为这样的孩子上演的戏剧和电影。一般来说，在这样的年龄期最好不要带孩子去剧院和电影院，因为适合他们观看的戏剧和电影很少。例如，象征派作家梅特林克[13]的剧本《青鸟》对年幼的孩子就不适合。显然，家长会认为，既然写出了故事《青鸟》，就应该让孩子看。实际上这部剧本年幼的孩子根本就看不懂，其中某些地方连稍大一点的孩子也看不懂。在这部剧本中含有复杂的、紧张的象征意义，事物和动物复杂的特性，性格中许多臆想的和牵强附会的形象（"恐怖"一幕）。

在儿童学习读写时，家庭在培养孩子文化修养方面的工作转折期就来临了。通常这个转折是在儿童集体的环境中，在学校中实现的。

这一时期对儿童的生活具有重大的意义。孩子进入了书本和印刷文字的领域,他有时很不情愿地进入这一领域,很难克服字母和阅读过程本身给他带来的技术上的困难。当孩子刚开始学识字时不要强迫他们,但是也不应助长在与困难作斗争中出现的懒惰。

儿童读物应该是最浅显易懂的,用大号字印刷,有许多插图。甚至当孩子还不能读懂它们的时候,不管怎样它们仍能激发孩子阅读的兴趣和克服识字困难的愿望。

在学习识字时开始童年的第二阶段,这是致力于学习和获得知识的阶段。这时学校在儿童的生活中占有突出的地位,但这决不意味着家长可以忘记自己的职责和只依赖学校。恰恰是家长的文化工作和家庭中普遍的文化氛围,对儿童在学校的工作,对他的学习质量和学习热情,对与教师、同学和整个学校组织建立正确的关系具有重大的意义。正是在这时,报纸、书籍、剧院、电影院、博物馆、展览会和其他文化教育形式才获得了巨大意义。下面我们逐一进行分析。

报纸 当孩子还不识字时,当他只能听懂别人朗读的东西,报纸就已应该在他的印象中占有牢固的地位。家庭应该订一份报纸。读报时不要远离孩子,家长不应每天只为自己翻阅报纸。要在孩子在场的情况下在每张报纸中找到可以朗读的、可以议论的东西,即使这些东西不是专为孩子写的。如果您在谈论读过的东西时的神态好像没有专门考虑孩子似的,那就更好。他反正什么都听到了,您越不做作,孩子的注意力就越集中。在每张报纸中您都可以找到类似这样的材料:国际事件、劳动者在节日的游行庆祝、边境的情况、斯达汉诺夫运动的成就、一些人的英雄事迹、城市的建设和美化、新的法规。

此后随着儿童的发展，特别是从他已学会自己阅读时起，报纸应具有越来越重要的意义。如果能为孩子订一份少先队报当然很好，但是如果由于什么原因不能这样做的话，也没多大危害：苏维埃的报纸是用所有识字的人都能懂得的语言写的，在这些报纸中总是能找到孩子感兴趣的材料。应该努力让孩子自己去读报，让报纸成为他日常生活中不可缺少的东西。但是必须对读过的东西在家中进行讨论，至少要谈谈它们。任何时候都不可使这样的讨论形式化，给它规定一定的时间，更不必为此花费很多时间。在交谈时，家长不可使用特别的教训语气。

对读过的东西进行的讨论应具有自由谈话的性质，如果这样的谈话似乎是由某件家务事，甚至是由某个人说的某句话而无意地引起的，那就更好。如果没有找到这样好的机会，那也可以直接问今天报上有什么有趣的事。

在孩子年龄较大时，报纸应成为苏维埃公民文化修养的习惯性的必要标志，成为男孩或女孩对他（她）的祖国所怀有的积极而充满朝气的、亲切而热烈的兴趣的、一种完全习惯和不可缺少的标志。

书籍　对书的熟悉也应从朗读开始。以后不管孩子的识字程度有多高，朗读仍然是家庭使用得最广泛的措施之一。最好是要使这样的朗读成为家庭日常生活中大家都喜欢的、已成为习惯的、经常做的事。如果最初由家长当朗读者，那么随后这项工作就应该转交给孩子们。

但是无论在最初还是在以后,如果这样的朗读不是专门为孩子听众进行的,而是在家庭的圈子中,是为了引起集体的反响和交换意见,那都是很有益的。只有借助于这样的集体朗读,才能引导孩子的阅读趣味,并使他养成批判地对待所阅读的东西的习惯。

不能依赖朗读,必须逐渐让孩子养成愿意自己去读书的习惯。孩子的独立阅读主要由学校负责指导,尤其在孩子年龄稍大时,但是家长如能关心这样的阅读也能够带来许多好处。家长的关心应表现在以下几个方面。

1. 家长应监督书籍的选择,因为即使在现在也会出现这样的情况,即家长不知道孩子手中的书是从哪里来的。

2. 家长应该知道孩子是怎样读书的,尤其要防止孩子不假思索地一目十行地翻书,不由自主地只追逐书籍的表面趣味,追逐所谓的情节。

3. 最后,必须让孩子养成爱惜书本的习惯。

许多家长对书籍的态度过分谦虚。他们认为,为了研究书籍必须专门进行学习,成为书籍专家。这是不正确的。我们的苏维埃读者的研究经验表明,我们的人都善于很好地分析书籍,往往一点也不比有名的评论家逊色。在任何情况下有关书籍的所有问题,都可以得到教师和图书馆管理员的辅导,任何人任何时候都不会拒绝提供这样的辅导。

电影 在我们的时代,电影不仅对儿童,而且对成人都是最有力的教育因素。在苏联每一部影片都是由国家电影制片厂制作的,即使有的影片在艺术上很不成功，也不会给儿童观众带来很大的危害。

我们的影片绝大部分是优秀的、具有很高艺术水平的教育手段。然而，这绝不意味着可以在数量上不加限制，并在毫无监督的情况下让孩子去看电影。

首先家长应该注意孩子对电影的态度。有时会发现电影成为儿童的主要生活内容，孩子由于看电影而忘却了自己的其他职责和学校的工作，他们不放过任何一部影片，在看电影上花掉了自己的所有零用钱，甚至花掉了从家里偷拿的钱。

在这种情况下，通常还能发现这种迷恋的其他一些不良方面。孩子习惯于消极的满足，而这种满足往往是不由自主的视觉印象，孩子仅仅是"看看"而已，艺术印象也是过眼云烟，没触及个性，没引起思索，没向他提出任何问题。这样地看电影益处是微不足道的，有时甚至会带来很大的危害。所以要求家长在看电影方面经常指导孩子。

我们建议孩子每月看电影不超过两次。14—15 岁之前最好与家长或哥哥、姐姐一起去看电影。必须这样做，不仅是为了监督孩子的行为，还为了达到与我们建议与孩子一起阅读时提出的同样的目的。

每部影片都应该成为家里讨论和谈话的主题，即使只有几分钟也好，家长应让孩子谈谈自己对影片的意见，说说他喜欢什么，不喜欢什么，什么给他留下了强烈的印象。如果这时家长发现吸引孩子的仅仅是外部事件、有趣的情节、某个英雄的冒险历史，就应该用一两个问题把孩子引导到影片更深刻、更重要的方面。有时甚至不用向孩子提出任何问题,只需他在场的情况下家长谈谈自己的意见。引导孩子最好看哪部电影,在一定程度上应由家长作出选择。几乎总是能碰到这样的人,他看过了一部电影后总能对它说出些什么来。有些影片必须回避是因为它们的主题很难懂,孩子搞不清楚;另一些影片的主题可能会引起不好的反应;还有些影片以爱情和医学为主题,这样的主题对孩子来说是太早了。在选择影片的时候自然应该考虑孩子的状况、他在学校的工作、他的行为。在极个别的情况下,如果孩子表现不好或经常不完成学校的作业,可以推迟看电影的时间。而常常是恰恰观看了一部好的影片,帮助孩子恢复了对学校和工作的正确态度。

戏剧 适用于电影的以上全部论述同样也适用于戏剧。而戏剧的主题更多的是儿童的智力和情感所不能理解的。应该承认,像《奥赛罗》、《安娜·卡列尼娜》这样的戏剧,应绝对禁止儿童观看。让孩子去看某些芭蕾舞剧,家长也必须十分谨慎。在我们的社会中,首先通过禁止一定年龄以下的孩子去观看晚间演出的戏剧来做到这一点。

选择剧目的问题并不困难,因为在我们的许多城市里有专门的儿童剧院和专门的儿童剧目。到这些剧院去观看演出是非常好的现象。在剧院里观看戏剧,要求儿童的注意力更集中、更持久和更紧张,在这一点上戏剧比电影要复杂得多。戏剧是一幕一幕上演并有间歇(幕间休息),能使观众更注意剧情的细节,并进行更积极的分析。

观看戏剧需要整个晚上,在某种程度上它构成儿童生活中的一件大事。家长应特别注意利用这一特点。

去剧院看戏回来比看电影后，更应在家中进行讨论，交换意见。

博物馆和展览会　几乎在我们的每座城市里，都有某种博物馆和陈列馆。在有些城市有很多博物馆，但家长很少利用它们。然而博物馆、展览会、陈列馆是很重要的教育手段，这些场所要求儿童专心致志，娱乐的因素在那里是微不足道的。它们组织儿童的智力活动，并激发丰富的、深刻的情感。需要做的只是要努力不使参观博物馆变成"走马观花"，关于这一点我们在谈论电影时已经说过了。所以，大的博物馆任何时候都不可以只参观一次，莫斯科特列基亚科夫画廊必须参观几天。革命博物馆也必须参观两三天。

其他形式的文化教育　我们只涉及了文化教育的主要形式，而且是由苏维埃国家组织的那些形式。在这一方面家长不必再多考虑什么，只要尽可能好地利用我们国家的所有这些文化设施就行了。

如果家长充分利用了报纸、书籍、电影、戏剧和博物馆，那么他们就能在知识领域和性格培养方面给予自己的孩子很多东西。

但是家长仍然能够增加很多东西。家庭中的文化教育形式比初看起来的要多得多。拿冬季或夏季一个普通的休息日来说吧，去城外散步，了解大自然、城市、乡村、各种各样的人，熟悉诸如城市改建、住宅建设、道路建设和厂房建设这样的重大题材——所有这些都是度过休息日的好题材。当然没有必要为这些题材组织专门的讲座或报告。散步就是散步，它首先是休息，不必强迫孩子并迫使他聆听您的教诲。但是，在这样的散步过程中，孩子会不由自主地注意到他所看到的东西，您的几句加深这种印象的话语,甚至玩笑话,与过去说过的故事相似的某个故事,甚至可笑的故事,都会在不知不觉中起着大作用。

家庭应采取一切措施去鼓励儿童对体育运动的兴趣。但注意不要让这种兴趣变成旁观的捧场者的兴趣。如果您的儿子热衷于所有的足球比赛,知道所有的创纪录者的姓名和他们的编号,然而自己不参加任何一个体育运动小组,不滑冰,不滑雪,不知道什么是排球——对体育运动的兴趣与好处是微乎其微的,这往往是有害的。如果您的孩子自己不下象棋,然而对象棋却很感兴趣,这样的兴趣同样是没有什么意义的。每个家庭都应努力使自己的孩子成为运动员,不仅对运动有兴趣,而且有亲身的运动经验。如果家长自己也参加体育运动,当然这就更好了。对于渐入老境的家长来说,这个要求可能已提晚了,但是年轻的家长完全有条件参加某一项运动,在这种情况下,他们的孩子的体育道路也将安排得更好。

这里还需要再说几句。我们的父亲们对体育运动作出了一定的贡献,而我们的母亲们则很少参加体育运动,然而运动对于年轻的母亲是很有益的。我们的女孩子们的体育运动,同样也比男孩子们少得多。

家庭中除了散步和体育运动外,还可以有以下这样的文化教育形式:组织家庭戏剧表演,出版墙报,记日记,组织与朋友的通信,让孩子参加政治活动,让孩子参与改善住房的设施,把院子里的孩子们组织起来,组织孩子的聚会、游戏、散步,等等。

在所有的各种家庭文化教育中,从内容到形式都应有所区别。在每种工作中都必须让儿童发挥最大的积极性，不仅必须培养他看和听的能力，并且要使孩子有力争胜利的愿望和希望，培养克服困难、帮助同学和年幼孩子的能力。同时这种积极的方法的特点应该是关心同伴，没有任何的傲慢、自大。

常常有这样的情况，孩子刚在某项工作中取得了成功，他就夸大了对自己力量的认识，看不起其他人，养成迅速求胜的习惯。这会使他以后有可能不能克服长期的困难。所以如果家长向孩子提出近期计划，引起孩子对此计划的兴趣并监督计划的完成情况，这样做是很好的。在这份计划中，可以包括读书和读报、看电影和看戏、参观博物馆，等等。

在任何情况下，家长都应该关注在文化教育的实践中，不应出现娱乐和消磨时间的兴趣占上风的情况。当然每一种文化活动都应该带来快乐。把这种快乐与更大的教育利益结合起来的能力，应该是家长的主要能力。在这方面需要家长有一定的创造性，就创造性的性质而言这并不困难。

即使在读报时也可以包括进儿童感兴趣的，对他来说是许多新的东西。例如，可以促使儿童按一定的问题做剪报，可以教他如何制作表明战线情况的家庭用西班牙地图。年龄稍大的孩子可以按某个问题把剪报和杂志上的图片编辑成小册子。

采用各种不同的方法可以把家庭中的文化工作变得很有趣，很重要，对教育具有重大意义。但是家长和儿童在任何文化题材、任何事情后面,都必须明确地看到苏维埃人民和我们的社会主义建设。这方面的所有工作,都应该保持从文化的积极性向政治的积极性发展的方向。

儿童应越来越感到自己是我们国家的公民,应该看到我们人民的英雄业绩,应该看到祖国的敌人,应该知道他和其他人能过上自觉的文化生活应归功于谁。

注释

[1] 应莫斯科广播电台的约稿而撰写的简评《关于教育学的谈话》,对马卡连柯的系列广播谈话作出了概括的评述,该文刊登在1937年9月2日《广播节目报》上。——俄文本编者注

[2] 马卡连柯认为,必须组织再教育,它是完全合格地形成个性的一个独特的方面。——俄文本编者注

[3] 马卡连柯指的是,在我们的社会中没有剥削阶级,没有资产阶级。——俄文本编者注

[4] 马卡连柯根据自己的集体主义教育思想,主张建立多子女的家庭。他指出独生子女教育中存在的一些问题,是值得我国的家长们注意的。——译者注

[5] "彼佳"、"玛鲁夏",是俄罗斯人的小名,一般是长辈用来称呼晚辈或朋友、熟人之间的称呼,而其正式名字是"彼得","玛丽亚"。——译者注

[6] 在捷尔任斯基工学团中奖励学员是相当稀有的现象。在马卡连柯的实践中奖励的最高形式,是在重大的节日期间,公社社员隆重列队,予以通令嘉奖。——俄文本编者注

[7] 现代研究表明,从个体游戏向群体游戏过渡的年龄开始得要早一些。在幼儿园中,许多孩子在3岁前就更喜欢群体游戏。然而,马卡连柯以下的论点仍然是有意义的。马卡连柯认为,个体游戏与群体游戏的相互联系与相互制约,是正确地组织且保证儿童充分发展的活动的必要条件。——俄文本编者注

[8] 设计箱是一种装在一个玩具箱中的成套玩具材料,这些材料包括各种可以

搭配成不同玩具的零件。——译者注

[9] 以上论述是马卡连柯对他本人关于新的社会纪律的本质所作的阐述的重要补充。——俄文本编者注

[10] 马卡连柯在1922年对纪律所下的定义是更为正确的:纪律不只是教育过程的一般结果,应把纪律看作是培养纪律的过程和培养纪律的全部手段的总和。后来在"纪律的辩证法"中他对纪律作了这样的解释:"……这首先不是教育的手段,而是教育的结果,以后才能成为手段。"——俄文本编者注

[11] 斯达汉诺夫是苏联早期群众性生产革新运动的首创者,社会主义劳动英雄。他是苏联顿巴斯矿区的一名采煤工人,由于采用了新的采煤方法,在1935年8月30日夜间一班工作时间(5小时45分)里掘煤102吨,超过普通定额14倍,以后又不断增加。苏联为了提高劳动生产率和更好地利用技术设备,在当时斯大林提出的"技术决定一切"和"干部决定一切"的口号的推动下,在全国掀起了以斯达汉诺夫命名的社会主义竞赛运动——斯达汉诺夫运动。这场运动首先在顿巴斯煤炭采掘工业中发起,后来在各个工业部门、交通运输业和农业中也开展了创造生产纪录的运动。——译者注

[12] 在俄罗斯的民间传说中,鹳能送子。——译者注

[13] 梅特林克·莫里斯(1862—1949),比利时象征派作家。——俄文本编者注

关于《父母必读》*

开 场 白

同志们，我以前从来没有想到过要去写《父母必读》，因为我自己没有孩子，我觉得我不会去研究家庭教育问题。

但是，由于近年来我在工学团和公社里工作，我不得不接收一些违法儿童，他们不是流浪儿童，而主要是从家庭中跑出来的。正如你们所知道的，我们现在已经没有流浪儿童了，但是，仍然有需要在工学团中进行特殊教育的孩子，近年来给我送来的主要就是这样的孩子。

所以，我着手认真研究在我们的家庭中出现的那些现象。我遇到过这样的情况，即孩子走上犯罪的道路应归咎于家庭，但更多的是遇到其他一些情况，即很难分清是不是家庭的过错，家庭似乎是很好的，家庭里的人是苏维埃的公民，孩子也不错，他到了我这里后第二天就成了

---

* 这是马卡连柯 1938 年 5 月 9 日在莫斯科奥尔忠尼启则机床制造厂举行的《父母必读》读者座谈会上发表的开场白和结束语。——俄文本编者注

好孩子。但是,他和家庭都很痛苦,他们的生活全被破坏了。

因此,我不由自主地开始考虑起家庭教育学的问题来了。

最近两年来,我不得不格外地研究家庭教育问题,研究帮助家庭进行教育工作的途径。于是我积累了许多印象、观察、经验和思想。但是坦率地说,我着手写这本书时是很胆怯的。

这本书打算写成四卷。现在出版的暂时只有第一卷。

为什么我要以文艺形式来写这本书呢?写写应该这样那样地进行教育,提出某些忠告,这样似乎简单得多。在一本篇幅不大的小册子里可以说得很多。然而如果着手写文艺作品,就必须提供事例,要花很多时间和纸张去描写儿童的游戏、各种各样的谈话,等等。我为什么这样做了?教育技能,这毕竟是一种艺术,这种艺术就如同会很好地拉小提琴或弹钢琴,如同会很好地绘画,如同能成为好的铣工或车工。如果只让这个人手里有本书,如果他看不到色彩,没有乐器,不站在车床旁,那么就不可能把这个人教育成好的艺术家、音乐家或铣工。教育的艺术难就难在只能通过实践和事例来教会如何进行教育。

跟我学习并与我一起工作过的有几十个青年教师。我确信,不管一个人从师范学校毕业时的成绩如何优秀,不管他如何有天赋,如果他不通过经验去学习,他永远不可能成为好的教师,我自己也是向更老的教师学习,也有许多人在我这里学习。

儿子们和女儿们在家里不断地向家长学习未来的教育工作,这样的学习常常是在不知不觉中进行的,因为教育的艺术可以借助形象、榜样和事例来传授。所以我确信,《父母必读》应该用这样的范例形式,用文艺作品的形式来写。

我为什么害怕这个课题呢？因为无论在俄罗斯文学中还是在世界文学中,都没有这样的书,因此不能向谁去学习如何写这本书。而充满信心地承担这个全新的课题,相信自己能胜任它,我没有这样的勇气。但我还是写了这本书。我想,从这本书中能得到哪怕是很小的益处。我经常会见家长们,收到过约一千五百封信,而且在这些信中家长们很少批评我的书,赞扬或责骂这本书的也很少,所有的人都在信中谈论自己的孩子——他们的坏孩子或好孩子,以及为什么有这样坏的或好的孩子。他们提出了各种各样的问题;说实在的,这不是苏维埃读者和作家的通信,而是家长与教育家的通信。

于是,根据这些来信以及我与家长们无数次的会面,我发现这个问题是多么的深刻和重要,并感到自己有责任去研究这个问题。我接着写后面的,可能写得不好或可能写得好,读者自有评说。可能我开始写得不好,但万事开头难,将来别人会做得更好。

在第一卷中我没有传授任何东西,我只想涉及一下家庭结构问题。在我们的教育学中这个问题简直是无人过问的,然而根据我观察到的无数事例,尤其当我研究到我的公社里来的孩子们时,我发现有关家庭结构、家庭的组成、性格的问题,具有极其重要的意义。

我已经在自己的书中写过了,现在还要说,经过我手的有家的孩子大概有四五百人,这些孩子很少来自多子女的家庭,他们大部分是独生子女。所以,我毫不怀疑,独生子女是最困难的教育对象。当然,也有独生子女被教育得非常出色的情况,但如果根据统计材料,那么在我们的条件下,独生子女是困难的教育对象。于是我决定涉足这个问题。

说实在的,在第一卷中我还没有谈到任何有关教育学的问题,所以关于为什么我不谈学校、不谈阅读、不谈文化教育等的指责,我坚决不接受。我没有涉及这些问题是因为我将在其他各卷中谈到它们,在第一卷中不可能把什么都说了,我只想谈谈家庭的结构问题。

我打算说些什么呢?首先,我打算说,家庭是一个集体,即这一组人是由共同的利益、共同的生活、共同的欢乐,有时还由共同的痛苦结合在一起的。我想证明,苏维埃的家庭应该是劳动的集体。

第二,我想涉猎有关这个集体的结构的几个课题。

我对这个结构中的什么问题感兴趣呢?首先是家庭的规模。我是大家庭的拥护者。在对韦特金[1]这个非常复杂的家庭的描述中,我没有任何杜撰,所有的一切都取自我观察到的无数事例。韦特金一家,这是我的众多朋友中一个朋友的家庭生活的真实事件,当然,姓名是改了的,因为他不允许我写他的家庭。不管怎么说,一个经历过斗争和各种艰辛与不愉快的大家庭是很好的,尤其是,如果父亲和母亲身体健康,是劳动者,如果谁也不喝得酩酊大醉,谁也不背叛谁,没有任何的婚外恋,如果一切进行得很正常,那么,大家庭——这是非常美好的现象。我看到过许多这样的家庭,从那些家庭里出来的人都很好。在那样一个有 12、13、14 个孩子的大家庭中,经常很喧闹,孩子们很淘气,经常会遇到困难和忧伤,但孩子们毕竟会很好地成长起来,因为在这样的家庭中还有友谊,有欢乐——有集体。

我描写了这样的大家庭完全不是为了说:看,韦特金是怎样进行教育的,向他学习吧。而只是为了让某些人向往大家庭。激发对大家庭的兴趣,这是我的目的,至于如何教育这样的大家庭,我将在其他各卷中而不是在这一卷中说明。

我描写独生子女家庭也是这样,不是为了证明对独生子女教育得如何不好,而是为了谴责只想要一个孩子的意图。"生一个孩子就行了!"这种说法在我们这里还很流行。人们说,生一个孩子将会穿戴得更好,吃得更好。这是不对的。一个孩子是很孤独的,他没有真正的交往。我指出了由此产生的后果。这也是家庭结构问题。

当家庭崩溃时就会出现家庭结构问题。最痛苦的现象当然是夫妇中的一方离开家庭,进入了另一个家庭。我很明白,我们不可能再恢复老的准则,根据传统准则家长应该永远生活在一起,而不管他们之间的关系如何,就像乌克兰的一句谚语所说"像两个眼睛一样不能分开"。我不坚持这样的准则。但是,从一些事例中可以显而易见地发现,逃脱家庭的行为有时是很轻率地出现的。如果人们对自己更严肃一些,更谨慎一些,如果他们多一些障碍,他们可能就不会出走。看,爱情又回来了。爱情也需要巧妙地予以组织,她不是从天上掉下来的。如果是一个天才的组织者,那么爱情就将很美妙。不从组织上下功夫是不会有爱情的。

这是单独的一个问题,我们可以单独谈,但是,举个例子吧,我的公社社员是这样对待莎士比亚的《罗密欧与朱丽叶》的。他们说:"差劲的组织者。你想一想,给了姑娘某种药粉,然后就去埋葬。这算什么组织者?后来又派个人去打听让不让进城。多差劲的组织者,爱情也很糟糕。而在我们这里,就要在大会上狠狠地敲打罗伦佐之类的人,不让他施这样的诡计。"

公社社员们是对的。我们有重大的社会责任,所以我们可以组织我们的情感和我们的爱情。

我收到了40封支付赡养费的丈夫的来信,他们在信中怒气冲冲地抨击我,因为我居然敢说支付赡养费的人有时是自己孩子的敌人。信中写道:"您居然想取消我今天爱一个女人、明天爱另一个女人的自由吗?"

我不想这样说。我想说的是,在父亲或母亲出走的家庭中,家庭作为一个集体就瓦解了,对孩子的教育就出现了困难。因此,如果您感到对自己孩子的义务,那么,在出走前您就要严肃地考虑考虑。我在书中没有把话说完,但我要对你们说句心里话:如果您有两个孩子,您已不爱自己的妻子,而爱上了另一个女人,请熄灭您新的爱情。这很糟,很困难,但您必须这样做。继续做您的家庭中的父亲吧。您有义务这样做,因为您的孩子将成长为未来的公民,您必须在一定程度上牺牲自己的爱情和幸福。

我把家长的威信问题归入家庭结构中。我在这里并不是想说如何去形成这种威信。我只是想说明，如果您没有威信，或者有的是虚假的、臆想的、以您为核心的威信，那么您家里的一切都有点颠三倒四了。

性教育部分地也属于家庭结构问题。

我不认为应该有特殊的性教育方法。性教育是纪律和制度的一个方面，从这个观点出发，我在这一卷中安排了一章性教育。

在家庭结构中我还列入了家庭权力的不正确分配，即母亲把自己变成了孩子们的仆人，这样的家庭结构是不对的。关于这个问题可以多说几句，但我不想使这本书的篇幅过大。可以这样说，如果母亲把自己变成了仆人，那么女儿或儿子就会在母亲劳动的基础上生活得像个老爷一样，另一方面母亲也就失去自己个人生活的美好，失去自己个人生活的人生乐趣，所以，失去了生活乐趣的母亲也就变成了不完整的人。只有自己过着真正的、充实的、人性的、公民的生活的母亲，才是真正的母亲，她们教育孩子，为孩子做出榜样，引起孩子对她们的爱戴和赞美，激发孩子模仿她们的愿望。把自己的责任局限于为孩子服务的母亲，就成了自己孩子的奴隶，而不是教育孩子的母亲。

我还涉及了属于家庭结构的另一个问题，即家庭中的团结问题，我想说明团结的破坏有时起因于一些鸡毛蒜皮的小事。在关于米纳耶夫[2]一家的故事中讲到，父亲没有吃馅饼，儿子把这块馅饼偷吃了。在这件小事情中（生活就是由许多不起眼的现象组成的）已出现了家庭团结的裂缝。儿子没有感觉到他和父亲是一个集体中的成员，应该不仅考虑到自己，还要考虑到父亲。我想指出，必须严肃地关注家庭团结中的这样一类裂缝,因为家庭教育的失败归根结底是由于对小事的疏忽大意。有些人认为,大事要好好地做,而如果儿子像在这个偷吃馅饼的例子中那样不考虑父亲,这不过是件小事,人们不去注意这样的小事,从而就会失去许多东西。

再说一遍,在第一本书中我只想涉及家庭结构问题以及这种结构在某种程度上,有时是灾难性地遭到破坏的原因,例如,有时是因为小事,父母中的一个出走到新的家庭中。

第二、三、四卷将研究培养意志和性格、培养情感和坚忍性、培养审美感的问题。关于审美感,我理解不仅仅是培养对天空、图画和服装的审美感,还要培养行为美、行为的美学。行为也可以是美的或不美的。

我认为,所有这一切构成了庞大的、真正的公民政治教育的基础。

再说一次,指望从书本中学会教育是很难的,但我觉得,可以通过书本学会思考,进入教育思想的领域。我只希望这本书将帮助读者自己去根据书中的事例来思考教育问题,并作出某种决定。

这就是我想在开场白中说的一切。现在我想听你们说,如果有问题和意见的话,我将在结束语中回答。

结束语

我很感谢大家的指教,这样说不是客套,而是心里话。问题在于这是在厂里召开的关于我的书的第一次讨论会。迄今为止,我还不得不主要是与教育家们交谈,偶然地在综合技术博物馆中的一次讲演中,与读者们交谈了一次。

我很高兴,我的书得到了公正的对待:不是吹捧它,而是实事求是地对待它,这对我是最为重要的。

老实说,我写这本书完全是出于对社会利益的考虑,所以没有把它看作给我带来荣誉的艺术作品。我很明白,写这样的主题是无法赢得作家的荣誉的,不管你怎么写,总归会挨骂的。为了赢得名望,有许多轻松的主题可以写,可以充分展示自己的写作爱好。这个主题是尖锐的、务实的,对我很合适。

很高兴你们表示了今后继续一起工作的愿望,我正想号召你们这样做。就在你们的厂里开始组织家庭教育的经常性工作吧,就让我们每六天聚会一次吧。这项工作将具有重大的意义,它不仅有助于你们,而且有助于整个苏维埃社会,首先是莫斯科。这是一个在政治上非常重要和迫切的问题。一个在教育上失败的儿童,首先他本人和他的家长是不幸的。这是痛苦的事,而正确的教育就是在组织幸福。所以在这件事情上,无论花多大气力都是应该的。

从回答你们的问题开始吧。

由我当编辑,家长们能写书吗?我不知道。应该为广大读者写书。最简单的是说:当然可以,让我们写吧。但必须把书写得让读者有兴趣阅读。能吸引读者,而怎么写,书的语言怎样,所有这一切都取决于你们的才能。如果有人能写得很好,很清楚,很有趣味,书就写出来了,但是让我代替你们来写，那是不行的。所以，如果你们有文学小组，如果有合适的材料，我准备出力为你们当编辑，给你们帮助，我相信，国家文学出版社是会接受出版这样的书的。

关于对我的手稿的讨论。问题在于一份好的写作大纲也会有70—80页，我的第二卷大纲达300—400页。我准备摘几段读给你们听，但我想，读全书是不可能的。

现在谈下一个重要问题。为什么事实上我应在书中写那些被难堪地辱骂的事情，而你们在工厂里却保持沉默？你们应该也有义务发起一场运动。我相信你们厂里会有90％的人支持这场运动的。

下一个问题是关于儿童文学的。明天下午两点，《文学报》编辑部将与少儿出版社举行关于应为儿童出版什么样的书的联席会议，我将在会上作报告。请你们明天来，以工厂的名义提出要求，你们的意见会比任何作家的意见好，因为你们将代表你们这个光荣的工厂中拥有几千个人的集体发言。

现在谈谈你们提到的其他问题。我不想为这里指出的一些缺点，尤其是艺术方面的缺点辩护或者否认。这是不能辩护的。我收到了几百封信，对我书中的任何一个地方，所有的人都没有一致的意见：一个人说这处很好，另一个人说那处更好。读者可以随心所欲地评判，而我将谈谈教育问题。

我要谈到第二卷中研究的几个主题。国家文学出版社出版这本书时你们就可以读到它了，但出版社出书不太快：《教育诗》花了一年半的时间才问世。我们还是来谈谈教育学吧。

首先我要谈谈一位发言人提出的问题。他的意见是：对一个人教育成功与否取决于 5 岁以下的幼儿期。他将成为怎样的人，主要取决于您在他 5 岁前把他造就成什么样子。如果您在他 5 岁前没对他进行应有的教育，那么以后就不得不进行再教育。人们觉得 5 岁以下孩子的生活中能有什么事件呢！家长觉得一切都进行得很好。而到了十一二岁时，一切都突然向坏的方面改变，花朵开始全部开放了。家长在寻找是谁把男孩毁了。是他们自己在孩子生下到 5 岁前，一直在毁坏他。

我在第二卷中用一半的篇幅谈这个主题。我没有"自己的"孩子，但毕竟我在自己家中把"人家的"孩子当作自己的孩子进行教育，因此我也有一定的经验，但不一定要写自己的经验，我写了其他人是怎样进行教育的，教育得好或不好。

不能认为，对 5 岁以下的儿童应有什么不同于 10 岁儿童的教育原则。原则都是一样的。

我坚持的主要原则是：找到适中点，即找到培养积极性和克制能力的尺度。如果你们很好地掌握了这一技术，你们就永远能很好地教育你们的孩子。

从孩子出生后的第一年起就应该培养他的积极性，让他追求些什么，要求些什么并得到所要求的，同时还必须教育他，使他逐渐养成克制有害的欲望或超出了该年龄的欲望的能力。找到积极性与克制力之间的分寸感，这就是解决教育问题。这可以用今天发言中的许多例子来予以证明。

有人说不应给孩子钱，因为他们会学坏并乱花钱。如果你们给孩子钱并允许他乱花，在这种情况下你们培养的仅仅是积极性，而没有培养克制力。应该这样给孩子钱，使他们能把钱合理地花在该花的地方，实际上是让他随时随地克制自己的欲望。

只有在这样的情况下零用钱才会带来好处。"给你一卢布，想怎么花就怎么花，"这同时就在培养一种分寸感，在这种情况下孩子可以去买冰淇淋，但他买了其他更有用的东西。

要从孩子出生后的第一年就开始培养积极性和克制力。如果您的男孩在做些什么，而您老是对他说：别跑到那边去，那里有杂草；别到那边去，那里的男孩子们会打你的。您这是仅仅在培养克制力。对儿童的每个淘气行为你们应该知道，什么程度的淘气是必要的，这种淘气反映着积极性，是精力的健康表现，还应该知道在什么地方克制力开始差了，白费了力气。每个家长，如果愿意的话，都能学会发现这个适中点。假如你们没在自己的孩子身上看到这个适中点，那么你们任何时候都教育不了他们。需要的仅仅是开始去寻找这种分寸感，一个月的经验就教会你们找到它。积极性达到什么程度，应该被你们要培养的孩子自己的克制力所抑制，这个界限你们应该始终掌握。

这里又有一个问题，它引起许多读者尤其是教育家们的怀疑。据说塔玛拉[3]曾经很不好，后来突然来了个铣工，她就变好了。而我要说这种事情是常有的。如果一个人在成长过程中什么也制止不了他时，那就只能用这种方式来制止他。我正是这种迅速制止的拥护者。我一生改造过几百人，甚至达三千人。这只能用爆炸的方式[4]，用当头一棒的方式来进行，没有任何的迂回曲折，不施任何的诡计，提出一连串坚决的、断然的要求……

当我还是个年轻的教师时，我曾尽量接触每个流浪儿，与他天天谈话，研究他，为他着想。我觉得他似乎接受了我的影响，但他又偷窃了，又逃跑了，总是不得不重新开始。后来我懂得了需要采用爆炸的方法。在哈尔科夫，我们对30—50人的一群新生采用了这种方法。

在对个别人进行再教育时，如果这个人能幸运地出现转折，这同样也是通过爆炸的方式。

有时往往是被教育者犯了某种过错。我起初装出什么也没发现的样子，好像一切都很顺利。等到我把基本材料收集到后，我就在整个公社内掀起一场轩然大波。在全体会议上他走到中间，所有的人都要求立即把他赶出去，他面临着被赶出去的危险，后来给了他一点惩罚，而他认为自己很幸运地过关了。

塔玛拉也是这样的情况。在家庭生活中我看到过这样的事例。如果孩子失去自制力，就需要有积累材料的本领，然后要求他作出回答，让男孩或者女孩知道您在发火，您决定制止这种行为，您就会发现您的儿子或女儿是怎样变好的。许多人不相信这一点，但实际上的确是这样。

但是，这种方法当然是最极端的措施，一般来说家庭中的再教育是很困难的。我能够在集体中再教育500个人,但在家庭中再教育一个孩子就很困难。所以在家庭中十分重要的是,从孩子幼年起就进行教育。

现在谈谈我坚持的第二个原则。许多人认为教育就是由一连串英明的、机智的方式构成的,我坚决反对这种意见。如果某个人长久地采用这样的方式,他往往会把教育工作搞得很糟糕。

不久前,在一次少先队辅导员会议上,有人给我看一些画册。几个少先队小队在展开竞赛,看谁编出一本最好的关于西班牙的画册。所有的少先队辅导员们都很兴奋,认为自己在做一件好的教育工作。我看了这项工作后说:你们在培养什么样的人? 在西班牙正发生着悲剧,有死亡,有英勇的事迹,而你们却在促使孩子们用剪刀剪下"马德里轰炸受难者"的图片并组织这样的竞赛,看谁把这张画贴得最好。你们这是在培养冷血的、厚颜无耻的人,这些人企图在与另一个组织的竞赛中利用西班牙人民斗争的英雄事业,为自己捞点什么。

我记得我是怎样提出帮助中国少先队员的问题的。我对自己的公社社员们说:想帮助吗,那就捐出一半工资来。他们同意了。他们一个月的工资是5卢布,于是就开始只拿到2卢布50戈比。他们就是这样不拘形式地、不事张扬地、自觉地为了少先队员们贡献出自己的劳动,完全没有剪贴画册中出现的那种情况。竞赛的组织者们居然觉得他们在做一件了不起的教育工作,认为在这件工作中有教育的逻辑。我看到有些女孩在家里对妈妈说:为什么莉达有一条中国丝绸的裙子,而我没有？为什么你们去看《安娜·卡列尼娜》，而不让我去，你们什么都看过了，而我什么也没看过。这个女孩可能很有美德地剪贴着"马德里轰炸受难者"的图片，而在家里她简直就是一个强盗。

这种肯定手段的有益性的最"英明的"教育逻辑，由于把最好的意图作为自己的基础，因此常常使人上当。

顺便说一句，如果家长觉得快乐，他们去剧院，去做客，为自己缝制漂亮的裙子，那么，这对他们的孩子也是很好的教育。在孩子的眼中家长应充分享受生活的快乐，而那些衣衫褴褛、鞋袜不整、舍不得花钱去剧院看戏、无聊又充满善意地为孩子牺牲自己的家长，是最不好的教育者。我所看到过的好的、快乐的家庭，在那里父亲和母亲都热爱快乐的生活，他们不腐化堕落，也不纵饮无度，而是喜欢获得快乐，在那样的家庭里孩子都很好。孩子在你们眼前成长，他三四岁、五六岁了，他每天都看到幸福的、快乐的、生气勃勃的父亲和母亲，他们家里常常有客人。如果在 5 岁孩子在场的情况下，你们在桌上放了一瓶酒，你们不可以喝得醉醺醺的，只是为了快乐而喝酒，是不会带来任何坏处的。我认为，家长的自我感觉是一种基本的教育方法。

我在公社中采用了这种方法。我很快乐，有时候很生气，但从来也不无精打采，把自己当作牺牲者，虽然我为了公社社员们贡献出了不少自己的健康和生活，为了他们我到 40 岁还没结婚。但我从来都不允许自己说，我为他们牺牲了自己。如果你们将成为这样幸福的人，这是很好的。我感到自己是幸福的，我欢笑，我跳舞，我演戏，这就使他们相信我是一个正常的人,应该以我为榜样。如果你们将成为这样幸福的人,这就太好了。要知道模仿的方法在教育中具有很重要的意义。如果你们整天哭丧着脸,一副似乎正在牺牲自己的生命的样子,怎么能让孩子模仿你们呢!

如果你们过着充实的、愉快的生活,你们就会找到正确的方式,尤其是如果你们牢记应该找到积极性与克制力之间的尺度。如果你们愉快,生气勃勃,不无聊,不忧愁,即使在困难的情况下也这样,你们也会快乐地说:不,停止吧,不可以这样做。你们将不允许自己坐下来说:

"孩子,我来告诉你该怎样生活,你不要做这个。"

而应该直截了当地说:

"不要再这样做了,算了吧。"

"为什么?"

"因为我不允许。"

这将更有力地起作用,你们生活的全部威信将支持你们的要求。

现在转入你们提出的另一个问题,关于妻子和丈夫的问题。我有意识地竭力不分开他们,如果你们之间不知何故关系紧张起来了,那么整个教育过程就受到了打击。如果您的妻子是一个落后的人,您偶然地与一个落后的人结了婚,这是您自己的过失,为什么您不按自己的心意,不按自己的要求选择妻子。当您选择妻子的时候您就已经要对孩子的教育承担责任。我坚定地要求我的公社社员们:爱上了一个人,这个人就将是你的孩子们的母亲,如果她将是个好母亲,那就继续爱吧,而如果你发现她没有能力教育孩子，那就刹车吧！

假设您给自己选择了一个落后的妻子，首先要明确，什么叫落后。您读报读得快，而她读得慢一点，那就教她文化吧。但问题不在这里。您的妻子的文化水平没您高，这对孩子的教育来说并不重要。应该让您的妻子，孩子的母亲也对生活感到满意，让她为自己的生活感到高兴。如果您把妻子提高到与自己一样的水平，那就应该使这样的提高让她感到满意；如果您认为我水平很高，而你，自己去提高吧，这就没有任何教育工作了。要让她愉快地提高，要使提高自己对她来说是一件快乐的事，如果您不能愉快地去做提高工作，那就别去提高她，但要让她过充实的人的生活。在这种情况下，水平稍高的那个人要能够不因此而骄傲，并且不随时随地显示自己的水平。他的每一个行为都应给妻子带来愉快，她将在这种愉悦中提高。

我有部短篇小说，书名叫《教育的秘密》。秘密就在于丈夫总是想给妻子幸福，所以他们的孩子都很好。所有的家庭中，只要丈夫想使妻子幸福，而妻子也想使丈夫幸福，他们的孩子都是很好的，当然这里说的是两个有理智的人。家长的智力要有一定的极限，不可以低于这个极限。无论哪个幸福的傻瓜都未必能培养出一个好孩子来。一定的智力——智慧、理性、积极性、关心，是必须有的。所以我又要回到某些人错误理解的那个论点上来，即关于"二等品"妻子的论点。如果我说，母亲不在工厂或办公室工作，但是她在家里教育着四个孩子，做着一件重大的好事，我并没有把她作为落后的人展示给你们，至于她没有从事社会活动,也不可以因此说她是"二等品"。在家里教育着两三个孩子的母亲,是在完成一项重大的、国家的、社会的事业,谁也没有权利责备她不在工厂工作,但是需要让她过社会生活。让她读点书,在住宅委员会干点事。现在正在进行最高苏维埃的选举,这是一个广阔的活动天地,让她找一个在其中工作的小组。不一定非要她参加生产不可,不参加生产她也可以成为积极的社会工作者。

我把那些在家中变成了女仆的妻子,称作不合格的母亲。

这里我们就转入了关于劳动教育的问题。

在我的关于积极性和克制力的定理中,不能没有劳动教育。这里涉及关于一个男孩的问题,他说你不给我买玩具,你就是个坏母亲。男孩说得对,这是个坏母亲,因为好母亲的孩子是不会这样说话的。不必不好意思说:"我们的工资低,买不起。你快长大,帮帮我们,或者等我多挣一点钱时再买。你帮个忙,把盘子洗了,而我去读点书。"

应该使这成为家庭共同的事,那时孩子就不会说:"你是坏母亲。"

如果你们了解自己的孩子并且爱他,你们就应找到合适的词句向他解释:"我们和你生活在一起,我们有共同的事情、共同的欢乐。你不要认为,如果我不给你买小马,这仅仅是你的痛苦。这是我们共同的痛苦。所以让我们一起去争取更好的生活,帮助我吧,不要让我精神不安。"

孩子从两岁起就应成为集体的成员,为幸福和不幸分担责任。

与孩子谈这些是很困难的,但是不要推开孩子,像有些人在这种场合下会说:"得了,我在读书,而你在妨碍我。"

我同意一位同志的意见,他说,家长应该尽可能地接近孩子,但是亲近必须有个限度。应该亲近,但也应该有距离。不可以与孩子亲近得一点距离也没有。在孩子的心目中你应该高一些,他应该在你们身上看到比他多、比他高的东西,与他不同的东西。应该有这样的一种距离,稍稍有一些非正式的恭敬。

所以我不允许过分坦率地谈论性问题。我——你的父亲,你——我的儿子,但关于这个问题我不好意思与你说。在某些问题中,单纯的羞涩感是有必要的。没有这种羞涩感你们将成为朋友,成为酒肉朋友,而不是他的父亲。应该有这样的距离,在某些场合下孩子应该懂得这种距离。如果他对此不理解,你们就没有威信了,你们的惩罚也就不会有任何作用。

距离感必须从幼年起培养。这不是裂痕,也不是深渊,而仅仅是一点间隙。如果孩子从 3 岁起在你们的身上看到某种崇高的东西,对他来说具有权威性的东西,他就会高兴地、信任地听你们的每一句话。如果他 3 岁时就相信在你们之间没有本质的区别,他们就会以审视的态度接受你们所有的话,至于他们的审视将是怎样的,你们是知道的。他相信他是对的。有时候正确性是不需要证明的,因为这是你们说的话。要把一切都向他进行证明的那个孩子,可能成长为一个厚颜无耻的人。在许多情况下孩子应该信任地接受你们的父亲式的意见,这样在他身上就逐渐形成使我们相信我们的领袖的那种品质。我们并非永远对什么都进行检查。如果对我们说,顿巴斯煤矿超额完成了计划,我们就相信了,因为存在着我们无条件地信任的某种权威。需要从小就培养孩子对权威的这种尊重。

这就是对向我提出的问题的回答。

关于房门钥匙的问题,如果有好的、正确的教育,我不知道有什么理由不可以把钥匙交给孩子呢。在公社中所有的钥匙都在孩子们的手上,而且不一定要在大孩子的手上。(人声:在孩子身上容易丢失。)应该教育他们不丢失钥匙。培养责任感并不很困难,没有责任感的教育是不可能成功的,恰恰关于这一点教育学上只字未提。这是一种判断能力,您的5岁的孩子应该具有这种能力,他应该知道可以说什么,不可以说什么。他应该感觉到在他背后在做些什么。

许多孩子在学校中完全没有这种判断能力,他分不清在自己背后坐着的是自己人还是外面的人。这种对自己人还是外面的人的感觉,应该从三四岁起培养。应该培养分辨周围环境的能力,应该知道在什么地方正在发生着什么事情。如果你们进行了这方面的教育,那时就可以给钥匙。

还有一个问题我放在第二卷中谈,今天一位读者提出了这个问题,我就顺便谈一谈。问题是家长怎样为了自己去爱孩子。你们大概看到过这样的情景:父亲和母亲在街上走,孩子被打扮得漂漂亮亮的,但从父母的眼神中可以看出他们把孩子带出来是为了得到赞扬。对他们来说,孩子是可以用来炫耀的玩具。父亲把孩子叫到客人面前让他机智地回答问题，难道说他这样做不是出于虚荣心吗？尤其母亲常常这样做：夸耀自己的孩子，给自己带来满足。事实上这个孩子根本不值得夸耀，因为他被宠坏了。

我不久前去了趟明斯克，有一位母亲与我同一个车厢。她想夸耀自己的孩子。孩子2岁，他还不会说话，而她不断地逗他要他笑，她还大叫："你为什么不笑？"

孩子吃惊地看着她，这个蠢女人在干什么呀？但她总算让孩子笑了。母亲的自私在这里是显而易见的：对她来说孩子并不重要，重要的是向车厢中的我，一个与她萍水相逢的不相干的人，显示在她采取了英明的手段之后，孩子有了笑的能力。这样的妈妈在孩子18岁前一直培养他进行表演。他有可能成为一个无赖、一个损人利己的人，而母亲却为他感到骄傲。这种为了自己的虚荣心而对孩子进行的教育，不属于教育学的范畴。

我现在回答纸条上的问题。

为什么不说一说一些积极的妇女？我怎么没说呢？有积极的家庭就有积极的妇女。同志们，请你们原谅，一般来说我喜欢幸福的结局。我感到没有幸福的结尾读者会不高兴的，所以我总是写幸福的结局。就算这种结局是狗尾续貂，但它总归是幸福的，我知道读者喜欢这样的结局。（人声：就是说，不幸福的家长就不能教育孩子，他们也不可能有好的孩子？）是的，但是，要知道，幸福与否取决于你们自己。（人声：并非永远如此。）完全取决于你们自己。我不能想象能使你们不幸福的情况。你们已经到了幸福的年龄了。您多大岁数？（人声：38 岁。）多好的年龄啊！我已 50 岁了。我很乐意与您交换，连同您的所有不幸。您觉得不幸的东西，这只不过是神经质，是一种妇女的病态。

下面是关于独生子女的问题。也常常有独生子女成长得很好的情况。我不是说必须有 13 个孩子。如果有 13 个孩子，这很好；如果有 6 个孩子，同样也很好。毕竟 6 个孩子要轻松一些。

有些同志说，在《父母必读》中不需要有政论风格，而在这张条子上一位妇女写道，需要有政论风格：用例证来说明，但请说说，应该怎么做呢？她问道：有必要培养对抛弃了家庭的父亲的爱吗？我认为，这里不会有任何问题。父亲离开了家庭，就不应该再谈论他。如果孩子问父亲是好人还是坏人，就说我不知道，我对此不感兴趣。如果父亲还尽全力帮助这个家庭，似乎还保持着友谊，这就是另一回事了。但如果他仅仅是袖手旁观，不给予帮助，不负任何责任，我想通过刑事诉讼去审判这样的父亲。他们给自己的孩子带来极大的危害。如果出现了新父亲，我认为在任何情况下孩子都应叫他父亲，这是唯一的出路。孩子们为什么要对自己喜新厌旧的父亲负责呢？

居住条件对教育有没有影响？

当然有影响，但不一定在坏的方面有影响。在孩子有单独的房间的住宅里，有时教育进行得却要差一些。

是否曾经想把这本书写成艺术作品？不，我只是想把它写成一本给家长读的书。

如果父亲被逮捕了,是否需要激发孩子对父亲的仇恨感?

如果孩子还小,他会忘记的,但如果他已懂事,有了一点政治常识,那就必须让孩子认识到这个父亲是自己的敌人和社会的敌人。当然不必专门培养仇恨感,因为这可能损害孩子的精神并折磨他,但应该引起疏远感,感觉到这是社会的敌人。不可能有其他的做法,否则的话,孩子会陷入分裂之中:一方面是敌人,另一方面又是父亲。这里不允许有任何妥协。一位母亲这样写道:如果父亲抛弃了家庭,这不是什么大不了的事。我自己可以进行教育。很好。如果出现第二位父亲,这也并不坏。

那些没人照管的孩子怎么办?我看到过许多这样的情况:母亲和父亲都工作,孩子仍然成长得很好。这是因为从童年起就对他进行了正确的教育。我倾向于这样的观点。如果孩子在 6 岁前得到了正确的教育,在他身上培养一定的积极性和克制的习惯,那时没人照管就不可怕了,对这样的孩子任何人都不能施加坏的影响。在这样的情况下人们通常说:我们没管他,而他发展得很好,这大概是遗传吧。事实上,这不是遗传,而是良好的教育。[5]

最后一个问题:"您几乎把半生都贡献给了儿童教育。这是您的职业还是出于您对人的极大的爱?"这么说吧,有的人在机床上工作,有的人当会计,很好地做着自己的工作,这是对自己的事业的爱还是一种职业呢?没有爱就没有职业。但这并不是说,每个人生来就是会计或教师。当然,起初我并不是一个好的教师。

顺便说一句,如果在教育孩子时不是经常地神经紧张,而是在健康的、平静的、正常的、理智的和愉快的生活中教育孩子,那么儿童的教育是一件容易的事情。我经常看到,哪里的教育不是在一种紧张的气氛中进行,那里的教育就成功。哪里气氛紧张,经常发脾气,那里的教育就不好。

谢谢你们的关心,希望我们共同来继续我们的这项工作。

注释

[1] 韦特金是《父母必读》中的主人公。——译者注

[2] 米纳耶夫是《父母必读》中的主人公。——译者注

[3] 塔玛拉是《父母必读》中的主人公。——译者注

[4] 马卡连柯认为,爆炸式教育方式是再教育的一种手段。这种方式强调一瞬间的突然影响,比较集中地利用道德和心理尤其是情绪方面的影响,有可能使误入歧途的儿童在性格上发生突变。——译者注

[5] 马卡连柯认为教育对于个性的形成和发展具有主导的作用。同时他也不否定个性的遗传素质,力求深入地、全面地考虑在教育集体中人的本质的发展规律、人的年龄特点和个别特点。——俄文本编者注

家庭和儿童教育*

同志们，我不太明白，怎么可能用有限的一点点时间去讨论儿童教育这样一个极其重要的问题，而且还要涉及这个问题所有最主要的方面。几个世纪以来人们都在研究这个问题，你们中的每个人也在一定程度上热衷于对这个问题的研究。我自己一生都在思考这个问题。我要为家长们写一部书，这部书打算分成四卷，我已写了一卷，而第二卷还在写作之中。[1] 你们知道，研究教育问题是一项十分困难的任务。有人要求我最好能在一个小时之内阐述一下教育原则，提供一些统计数据，还要作出一些重点说明，并最后得出一些结论。他们对我说："您，

---

* 这是 1938 年 7 月 22 日马卡连柯在《女社会活动家》杂志编辑部所作的关于儿童教育讲座的速记稿。

马卡连柯在谈到家庭和儿童教育问题时，提出了一个非常重要的论点，即必须把个性的全面和谐发展，看作是相互矛盾的个性品质（例如，积极性与"克制"能力、慷慨大方与勤俭节约、宽宏大量与严格要求）的辩证统一。他把掌握分寸的原则延伸到教育手段上：孩子的独立性与成人的指导之间的正确关系、在对待孩子的态度上严格要求与慈爱的尺度，等等。马卡连柯在创造性地运用辩证唯物主义去研究教育现象的基础上所得出的结论，对于研究教育问题具有重要意义。——俄文本编者注

马卡连柯同志,做一个讲座吧。家长们听了以后回家去就可以正确地进行教育了。"

看来在组织关于这些问题的讲座时还存在着各种各样的困惑,因为只是列举一下涉及家庭中儿童教育的课题名称,一个小时也未必够。所以我想在这次简短的座谈中,只谈谈困扰我们所有人的那些最主要的问题。在这个意义上,即在提出某些基本的教育问题的意义上,我们的座谈会可能会有助于你们确定思考这一最重要的领域的出发点。为什么? 我们这就来解答。《教育诗》出版之后,就络绎不绝地有人来找我,其中有教育工作者们,有年轻人,也有上了年纪的人。他们有着不同的社会地位,他们在寻找新的苏维埃的道德准则,希望在自己的生活中能遵循这些准则,他们问我应该怎样行动。

想象一下,有一天,一位年轻的地质工作者到我这里来对我说:"派我出差到高加索或西伯利亚去从事科学工作,我选择哪里好?"我回答他:"到有最困难的工作的地方去。"他去了帕米尔。不久前我收到了他的一封信,他在信中感谢我给他的建议。

但在《父母必读》出版之后,一些失败的家长就来找我了。有好孩子的家长何必还要到我这里来呢? 于是来了一些怎样的家长啊,父亲和母亲都来了。

"我们都是共产党员,社会活动积极分子。我是工程师,她是教师。我们的儿子曾经很好,然而现在我们对他一点办法也没有了。母亲一骂他,他就从家里出走,而且家里的东西也不见了。我们该怎么办呢?

我们都在很好地教育他,关心他。他有自己单独的房间,他想要多少玩具就给他多少,我们给他买衣服、鞋子,为他提供各种消遣和娱乐。而现在(他15岁)他想看电影就看电影,想看戏就看戏,想要自行车就买自行车。您看看我们,我们都是正常的人,不可能有任何不好的遗传。为什么却会有这样的坏孩子?"

"您给孩子收拾床铺吗?"我问做母亲的。"经常吗?"

"经常。"

"您从来没有想到过让他自己来收拾床铺吗?"

我试着向孩子的父亲提出问题:

"而您给您的儿子擦皮鞋吗?"

"擦。"

于是我说:"再见吧,再也不必去找任何人。到街心花园去,找一个安静的地方,坐到长椅子上,回忆一下你们和儿子一起做了些什么,问问自己,孩子变成现在这副样子究竟是谁的过错,你们会找到答案和矫正你们的儿子的办法的。"

说真的,他们给儿子擦皮鞋,每天早晨母亲给他收拾床铺。儿子结果会成为什么样的呢?

我与许多孩子打过交道。不是那些流浪儿,而是更糟,是那些被宠坏了的有家的孩子,而且大部分是来自知识分子家庭,更多的是来自担任一定领导职务的工作人员的家庭。这样的家长的孩子,这样的最好的家庭的孩子,能够成为什么样的呢,而过了三四年成为了我说的那种样子。这里的问题不在于什么教育规律,而在于健全的理智。健全的理智,这是每个人都有的普通的东西,而有的家长不知为什么却开始失去了它。

《父母必读》的第二卷,我就是打算来谈谈这个问题的。那些能正常思考的人,那些能够很好地工作、学习,甚至受过高等教育的人,即具有正常的理智和才能的人,那些能够领导整个机关、部门、工厂或任何一个企业的社会活动家,他们能与形形色色的人保持正常关系,保持同志关系、友谊关系和其他任何关系,为什么这些人在与自己的儿子发生冲突后就变成了面对最普通的事情却理不出头绪的人了?因为在这种情况下他们丧失了健全的理智、生活经验、智慧和他们终生所积累的聪明才智。在自己的孩子面前他们不再是"正常的"人了,甚至连一些微不足道的问题也搞不清楚。为什么?原来只有一个原因,这就是对自己孩子的爱。爱——这是最伟大的情感,这种情感一般来说能够创造奇迹,创造新人,创造只有人的精神才能创造的人类最伟大的珍品;但这种情感也是制造废品的原因,即造就拙劣的人,自然也是给整个社会首先是给家庭带来危害的人的原因。

如果要确切地表达我们的结论,那就要简单明了地、直截了当地说:爱需要一定的限度,就像奎宁和食物一样。谁也不可能一口气吃下10公斤面包,并为自己的好胃口自豪。爱也需要限度,需要分寸。

在教育工作中不管我们抓住什么,总要碰到一个问题,即尺度问题,说得确切一点,就是一个适中点的问题。这个词不太中听。什么是适中点？适中的人是什么样的？许多永远是那么"令人钦佩地"生活和思考着的教育家,在向我指出这一点时就像指出我的错误一样:如果您建议适中,那么将培养出中间人物:既不恶也不善,既不是天才也不是蠢货,是一些非驴非马的人。

这种反对意见并没有让我不安。我开始检查自己是不是错了,是不是在培养这样的中间人物。如果我说,在我的教育方法中应该有适中点,那么,经过我的教育之手培养出来的人是否都是中间人物,是些毫无吸引力的、枯燥乏味的人,他们能够过安逸的生活,但是既不能创造伟大的事业,又不能体验人类真正的、高尚的精神感受？我认真地进行了检查,检查了我 32 年来的教学与教育活动,以及最近八年来在捷尔任斯基公社里的活动,我得出了一个结论:这个方法是正确的,并且适用于家庭教育。

"适中点"一词可以改用其他词,但必须作为儿童教育中的一条原则予以考虑。我们应该创造真正的人,即能够建立伟大的功勋、从事伟大的事业、具有高尚情感的人,他既能够成为我们时代的英雄,同时又根本不是什么"饭桶",不是那种可以把所有的东西一点不剩地分光,并吹嘘自己是多么善良的人。即使在那种谁也不可能反对的理想人物身上,也存在着某种适中点、某种尺度、某种限量的原则。我知道为什么"适中点"一词没有令我不安。当然,如果说"适中,这就是白和黑的混合物",这么说也是对的,您把黑色和白色调和在一起,得到的就是灰色。这样的适中似乎是有害的。但是如果您不死抠字眼而只是考虑人，那么您马上就会发现，我们把什么样的人看作是最优秀的、最理想的人，这样的人是我们的孩子应该成为的人。如果我们没有任何偏见，如果我们不迷恋于任何多余的词藻上的"哲学"，那么，我们一直在说的就是我们的孩子应该成为怎样的人。每个人都说：我希望儿子有能力去建功立业，希望他成为心灵高尚、热情洋溢、志向远大和有崇高追求的真正的人，同时我也不希望他成为能把所有的东西都分光的大大咧咧的人，因为您要知道，一个非常善良的人可能会成为一个穷光蛋，让妻子和孩子跟着受穷，而且由于这种善良，甚至会丧失精神财富。

我们伟大的无产阶级革命赢得了人类的幸福，这种幸福是与日俱增的，这种幸福应该属于每一个人。我，作为一个个体，有权享受这种幸福。我想成为一个英雄，我想建立功勋，为国家和社会尽可能多作贡献。同时我还想成为一个幸福的人。我们的孩子就应该成为这样的人。当需要的时候，他们应该义无反顾地奉献自己，不前思后想，不斤斤计较，不考虑是幸福还是痛苦；从另一方面看，他们应该成为幸福的人。

遗憾的是，我没有进行过全面的调查，但就我所见的情况是：幸福的家长常常拥有好的孩子……而且幸福的家长——这并不意味着他们的住房有煤气装置，有澡盆，有一切舒适的设备。根本不是这样的。我看到过许多人，他们的住宅有五间房间，家里有煤气灶，有热水和凉水，雇了两名家庭女工，但他们的家庭却是很不成功的：或者妻子抛弃了家庭，或者丈夫抛弃了家庭，或者不好好工作，或者想要第六间房间，或者想要一座别墅。我也看到过许多幸福的人，他们在生活中缺少的东西很多。在我自己的生活中也有这样的情况，然而我是很幸福的人，我的幸福完全不取决于任何物质财富。请回忆一下自己曾经拥有过的最美妙的时光吧，那时候虽然缺这少那，但有着精神上的一致，精神上的力量，勇往直前。

这种纯洁的幸福是完全可能实现的，因为我们的革命为它的实现赢得了充分的可能性和必要性，苏维埃制度还为它的实现提供了保证。我们人民的幸福就在于人民的团结一致，在于对党的忠诚……在自己的思想和行动中应该成为诚实的、有党性的人。幸福的必要条件就是信心，就是要正确地生活，不在背地里隐藏卑鄙、欺诈、狡猾、诡计和其他任何恶习。这种光明磊落的、诚实的人的幸福不仅给他本人，而首先是给他的孩子们带来很大的利益。所以请允许我对您说：为了有优秀的孩子，您自己要成为幸福的人。尽心尽力地工作，运用您的全部才华和能力，带动您的朋友、熟人，成为拥有真正的人类幸福的人。常常有这样的情况，一个人想成为幸福的人，他胡乱抓起了一把石头，然后想用这些石头来建筑幸福。我也曾一度犯过这样的错误。我觉得，如果我抓起了这个东西，虽然这还不是幸福，但以后幸福可以建立在这个东西之上。完全不是这么回事。这些打地基用的石头，幸福的宫殿将建立在它们之上的这些石头，以后往往坍塌下来砸在人的脑袋上，结果是地道的不幸。

不难想象，一些幸福的家长是由于自己的社会活动、自己的文化修养、自己的生活而感到幸福的，他们也善于支配这种幸福。这样的家长总是有很好的孩子，他们总是能正确地教育孩子。

上面这种说法的根源就在于此，关于这个说法，我在一开始就说过了，在我们的教育活动中应该有一个适中点。这个适中点就介于我们把自己贡献给社会的伟大的工作与我们从社会得到的幸福之间。不管您采用什么样的家庭教育方法，都必须找到尺度，所以应培养自己的尺度感。

拿一个最困难的问题来说吧（我认为这可以算作是人们最困难的问题），这就是关于纪律问题。严厉和慈爱，这是永远存在的而又无法解决的问题……

人们往往不善于掌握慈爱和严厉的尺度，但进行教育必须掌握这个尺度。常常可以看到，人们在研究这个问题时想：不错，严厉应该有个尺度，慈爱也应该有个尺度，但这要到孩子六七岁时才需要，而在6岁以前没有尺度也是可以的。事实上教育的主要基础是在5岁前打下的。你们在孩子5岁前做的事，占了整个教育过程的90％，而人的教育以后还在继续，人的加工在继续，但一般说来你们开始尝到果实，而你们照料的花朵是在5岁前开放的。[2]所以，在5岁前关于严厉和慈爱的尺度问题是一个最重要的问题。甚至在您的孩子诞生的第一天，关于严厉和慈爱的尺度问题，即关于纪律和您的温情的问题，就应该提到议事日程上。我们常常可以看到，要么过多地允许孩子哭闹，让他整天大

130

哭大叫,要么完全不允许他哭。还有一种孩子是到处乱跑,什么东西都抓,不断地用问题纠缠人,一刻也不肯安静。第三种孩子是非常的顺从,就像个玩偶一样听话,但这样的孩子在我们这里很少见。

你们会发现,在所有这三种情况中都缺乏关于严厉与慈爱的尺度。当然,在孩子5岁、6岁、7岁时,掌握严厉与慈爱的尺度,找到这种适中点,达成某种和谐,始终都是需要的。

有人反驳我,您谈了有关严厉的尺度,但不需要任何严厉也可以教育孩子。如果您把所有的一切都做得很理智,很慈爱,那么,您就可以这样地生活下去,任何时候都不需要严厉地对待孩子。

我并不把严厉理解成什么发火或者歇斯底里般地叫嚷。根本不是这么回事。只有当严厉不具有任何歇斯底里的特征时,这样的严厉才是好的。

我在实践中学会了既是严厉的,但语调又是慈爱的。我可以十分温和地、慈爱地、心平气和地说话,而我的学员们听着这些话时脸色却会发白。严厉并不一定需要大叫大嚷,大叫大嚷是多余的。您的平静、您的信心、您的坚定决心,如果是慈爱地表达出来,就会造成更深刻的印象。"滚!"这会产生一种印象;说"请您离开这里",同样会产生一种印象,也许这种印象更强烈。

第一条规则——这是关于某种尺度的规则,尤其在处理您对孩子生活干预程度的问题上要注意这条规则。给予孩子自主、自由的限度应该有多大?"牵着他的手"应达到什么程度?可以允许他做什么、禁止他做什么？什么可以由他自作主张？这是一个十分重要的问题，然而在家庭中却往往得不到正确的解决。

小男孩上了街。您就叫喊：别往那里跑，别到这儿来。其正确程度如何？如果给孩子无限的自由，这是有害的。如果孩子做任何事情都需要请示，老要走到您跟前，老是要获得您的允许并按照您说的去做，那么，这个孩子就没有任何可能去发展自己的主动性，没有可能去随机应变，也没有可能去进行自己的冒险。

我说了"冒险"一词。七八岁的孩子有时应该有一些冒险行为。您应该看到这种冒险，应该在一定程度上允许冒险，使孩子成长为勇敢的人，使他不养成在您的庇护下做任何事情的习惯：妈妈说了，爸爸说了，他们什么都知道，他们手上有书，他们怎么说我就怎么做。在您这样极端的干预下，您的儿子不可能成长为真正的人，有时候他会变成一个优柔寡断的人；他既不能作出任何决定，也不敢去冒险，无法成为一个敢作敢为的人；有时候会出现相反的情况，他服从您，在您的压力下他的服从达到某种极限，在他的内心激荡着一种要求释放的力量有时候会爆发出来，结果最终演变成家庭丑事——"原本是个好男孩，但后来他出了点事。"事实上"出事"是一个渐变的过程，当他服从的时候，当他听话的时候，这一过程就从未间断过。大自然赋予他的力量，天赋随着成长和学习不断发展起来的力量，发挥着自己的作用，起初他开始偷偷地抵制，随后就公开反抗。我不可能在这个简短的讲座上开出一张准确无误的处方，任何时候我都不可能开出这样的处方。我在《父母必读》

的第二卷里写了这个问题。

如果你们仔细地观察这些现象,你们会找到那个不可逾越的极限。

常常还能遇到另外一种极端,就是认为孩子应该表现出主动性,可以随心所欲地行动,然而对于孩子是怎样生活的、他们在做些什么却毫不关心,让孩子习惯于过一种不受监督的生活,习惯于不受监督地思考和作决定。许多人认为在这样的情况下可以发展儿童的意志。事实恰恰不是这样的。在这样的情况下根本就不能培养意志,因为真正坚强的意志根本就不是想要什么就能得到什么的本事。坚强的意志——这不仅仅是想要什么就能得到什么的本事,它还是一种迫使自己拒绝不需要的东西的能力。意志——这不单纯是欲望和欲望的满足,这还是欲望和制止、欲望和拒绝的同时并存。如果您的孩子只练习实现自己的欲望,而不操练遏制自己的欲望,他就不会有坚强的意志。没有制动器就没有机器,没有遏制也就不可能有任何意志。

我的公社社员们很熟悉这个问题。我问他们:"为什么你不克制自己,你明明知道这里需要克制?"同时我也要求:"为什么你那么平静,为什么你下不了决心,还等着我对你说吗?"

必须培养孩子具有遏制、制止自己的能力。当然,这并不很容易。在我的书中我详细地写了这个问题。

除此之外,还需要培养一个很重要的特点,这个特点不难培养:这就是判断能力。这种能力常常通过一些小事,通过一些微不足道的细节表现出来。请在童年早期就注意您的孩子的辨别能力,注意他说些什么。这时来了一个外人,或者不完全是外人,而是您的团体、您的家庭中一个额外的成员:来访者、客人、阿姨和奶奶。孩子应当知道现在应该说什么和不可以说什么(譬如,不可以在上了年纪的人面前说老年,因为他们不乐意听这个;起初听别人说,随后自己也参加交谈;等等)。儿童要有能力立即感觉到自己所处的环境,这种能力的培养是十分重要的,而且是不难培养的。只要注意两三次,并与儿子或女儿谈一谈,怎样才能让他(她)的冲动产生好的作用,这样做就足够了。判断能力对于周围的人来说,对于拥有和掌握这种能力的人来说,是很有益的和令人愉快的。

对于我来说,在公社做这件事比在家庭中要困难一些。在公社中有许多孩子,环境要复杂得多。总是在众目睽睽之下:到我们这里来的有自己人、外人、工程师、工人、建筑工人;公社经常有客人来访、参观,等等。即使这样,在这件事情上我也取得了很好的结果。这就是体察自己周围变化着的环境的能力,这种能力到处都能表现出来:男孩跑着穿过马路时,他应该分辨出在什么地方有谁走过;在工作中他应该分辨出哪里最危险、哪里最安全。这种判断能力帮助他选择在什么场合应该表现出勇敢和毅力,在什么场合应该克制。今天我只是粗线条地对此作了一点解释,在生活中判断能力是有细微差别的,是很精细的。

举这样一个例子吧。你们的孩子爱你们,他们想表达这种爱。爱的表达,这是关于行动和克制的同一个规则。多么令人不快地看到这样的女孩(大部分女孩有这种情况):两个女友,一个在一所学校的八年级,另一个在另一所学校的八年级,她们在别墅中只见过两次面,见面时就拥抱接吻,彼此好得死去活来。你们认为她们是真的彼此喜欢吗?这往往是一种想象出来的感情,是感情游戏,有时候这就成为一种习惯方式,用来表达这种肉麻的友谊、不真诚的情感。

我们都熟悉一些有孩子的家庭,你们知道孩子是怎样表达对父母的爱的。在一些家庭里往往习惯亲吻和说一些甜蜜的话,如此频繁地表达情感使人产生怀疑,在这种外部表现后面是否真有什么爱,或者这是一种习惯游戏。

在另一些家庭中有着一种冷静的气氛,好像大家都是各自单独生活。孩子回来了,相当冷静地问候了父亲或母亲,然后就离开去干自己的事情,似乎没有任何爱。只有在极少的愉快的场合下您才可能看到,在外表沉着的态度中爱的眼神一闪而过。这是真正爱父亲和母亲的儿子。一方面要善于培养公开的、真诚的、由衷的爱的情感,另一方面又要培养含蓄地表达爱的能力,使爱不被表面形式代替,不被亲吻代替,这是一种十分重要的能力。利用这种能力,利用对父母爱的表达,可以培养美好的人类的心灵。

公社社员们像爱父亲那样爱我,同时我也做到了不说任何温情的话,也没有任何亲密的接触,爱并不因此而受到损害。他们学会了用自然的、简单的和含蓄的形式表达爱,他们找到了无需任何亲吻和甜蜜的语言来表达爱的方式。我想你们很好地懂得我说的是什么。这一点很重要,这不仅是因为要用外表来教育人,更重要的是它保持了真诚地行动的力量,培养了做任何事情都需要的克制能力。

这里我们又一次涉及了这个基本原则,这就是准则,这就是尺度感。

在像事务和物质方面的问题那样复杂的、困难的领域中,也表现出这种尺度感。不久前,住在同一栋楼里的一群妇女到我这里来。在这栋楼里发生了一场闹剧。有两个家庭相处得很好,这两个家庭都有孩子。有人怀疑男孩子尤拉(他在七年级读书)曾从家里擅自拿走什么东西或钱。尤拉的朋友们都知道这件事。

后来,朋友的家里丢了一套贵重的绘图仪器。尤拉是这一家的常客,这一家把他看作自己人。除了这个男孩外家里没有其他外人,谁能拿走绘图仪器呢?疑点就落到了他的身上。这两家人都是很文明的,都是能对自己的行为完全负责的人,可是他们却突然地,不知不觉地卷入了侦查过程之中。他们无论如何必须搞清楚尤拉是否偷了绘图仪器。他们侦查了三个月。他们确实没有招来一条狗,也没有请求任何外人的帮助,但是他们检查了、询问了,暗中寻访了证人和证据,进行了秘密谈话,直到把尤拉折磨病了。最后他们开始要求:

"说出来,我们不会惩罚你的。"

父亲捶胸顿足地说:"可怜可怜我吧,我想知道我的儿子是不是小偷!"

他们把男孩子忘了,父亲成了主角,需要把他从痛苦中解脱出来。

他们到我这里来对我说:"下面干什么呢?我们没法活了!……"

我与小偷打过许多交道,对我来说偷窃早已不是最可怕的事情了。公社中每天都要召开大会,在会上处理各种各样的过失。公社老社员休假迟回来了一小时:

"这是怎么回事? 还要不要纪律? 你怎么敢迟到? 关五小时禁闭!"

所有的人都说:

"对!"

"我错了。是,五小时禁闭!"

下一个人站出来:他偷了东西。他偷了同伴3卢布。

"好吧,再偷两次。你可以走了。"

没有人发火,大家知道这个人习惯了偷窃。大家很好地知道并相信他不会再偷了。

我请他们把男孩带到我这里来。我并不是总能根据眼神去发现一个人偷没偷,但是我对他说:

"你什么也没偷。你没有拿绘图仪器,不要再让别人向你提出有关绘图仪器的问题了。"

我又特地与家长说:

"不要再谈这个问题了。绘图仪器没有了,不见了,某个人偷走了它。你们的儿子是否是小偷的问题折磨着你们。你们好像在读一部侦探小说,你们想知道结果怎样,谁是小偷。丢掉这种好奇心吧。事情有关你们的孩子的生活。以前孩子偷过什么东西,现在可能他又偷了。他有这种习惯,要教育他。但是请忘记这次的事件吧,不要再折磨自己和孩子了。"

在某些情况下,如果您侦查到孩子偷了什么,如果您能证明这一点并感觉到需要谈一谈,那就谈吧,这恰恰是很重要的。但是如果您除了怀疑之外什么也没有,如果您不相信他会偷,就要保护他免受旁人猜疑。但您自己要提高警惕,加强对自己孩子的注意。

劳动公社中有一个被我接收过来的曾经卖过淫的女孩,她确实偷了。我看到她偷了。我发现孩子们都很坚信这一点,她很难为情。剩下我最后一个发言了。我知道她对偷窃已习以为常,对她来说这是很平常的事,如果我们对她说你怎么不害臊,这不会给她留下任何印象。我在队长(他们都是些很认真的人)会议上说:

"你们干吗老缠着她?我相信她没偷,你们也没有证据。"

他们叫喊起来了,但我的意见占了上风。他们把她放了。

你们怎么想呢?这个女孩开始非常激动,严肃地、张皇失措地看着我。她人不笨。事情很清楚,我怎么能这样就相信了,难道我相信了她,我怎么能够这样轻信呢?我是在玩把戏呢,还是我真的这样深信?当我需要交给她一项负责的工作时,我就交给了她。

这样地继续了一个月。女孩因我的信任而深感痛苦。过了一个月她到我这里来哭着说:

"我是多么感谢您啊,所有的人都指责我,只有您一个人为我辩护。所有的人都认为我偷了,而您一个人认为我没偷。"

于是我对她说：

"这是你偷的，正是你。我现在和从前都很好地知道这一点。但现在你不再偷了。我对谁也没说，你已不偷了，我们之间的谈话就我们两人知道。"

当然，她以后就再也不偷了。

这样的做法并非是虚伪的措施，它们来自分寸感，在家庭中也是可以采用的。在家庭中并不总是必须滥用真话。必须永远对孩子说真话，一般来说这是一条正确的法则；但在某些情况下又必须不对孩子说真话。在某些情况下，如果当您知道他是小偷但还没有把握时，请隐瞒真情。而在某些情况下，当您已确信并有证据时，请利用一下您的信任吧。这仅仅是个尺度感。在涉及儿童个性的问题上，您不可以没有节制地流露您的情感、您的愤怒、您的思想。

我相信在你们的孩子中间没有小偷。（礼堂里的笑声）看不出来在你们的家庭中有过这样的事。但在其他家庭中这样的事是经常发生的。

家长们常常想：为什么我们的孩子要偷？

我相信这是一个最容易解决的问题。教育孩子不偷，这是最容易的事情。困难得多的是培养性格：培养勇敢、自制力、控制自己感情的能力、克服障碍的能力。而培养对物品的尊重（不拿）态度，这是最容易的。如果您家中一切井井有条，父亲和母亲都知道什么东西放在什么地方，那么，在您的家里永远不会发生像偷窃这样的事件。而当您自己也不知道什么东西放在什么地方的时候,当您把钱乱扔在橱里或柜里,或者把钱包放在枕头底下而忘记了时,您的孩子就开始偷了。一旦您家中的东西放得乱糟糟的,那么,显然孩子也发现了这种紊乱。他发现您并不关心家里的东西,从而他确信,如果他从这堆乱糟糟的东西中拿走一件什么小东西的话,您是不会发现的。

儿童的第一次偷窃,这不是偷窃,这是"擅自拿走"。随后这就成了习惯,成了偷窃。如果您的孩子明确地知道什么东西他可以擅自拿取,而什么东西要事先请示,这就表明这个孩子永远不会去偷。一件普通的东西,午饭或招待客人后剩下的什么糕点,放在柜子里,柜子不上锁,这种东西谁也不禁止他拿。但如果孩子偷偷地拿,不经过请示就拿,这就是偷窃。如果家中形成了这样一种情况,即孩子不经过请示就不去拿这块糕点,这是很好的;但如果他不请示您,而是简单地让您知道这件事情,这也很好。在这种情况下是不会发展成偷窃的。

如果您什么都加以禁止,连孩子要一块糕点也会感觉到您可能给他,也可能不给他,在这种情况下有时候可能发展成偷窃。如果您允许他什么都拿,或者如果他不能拿家中的任何东西,如果他没有任何的自主权,所有的事情都要得到允许后才能去做,在这样的情况下也会发展成偷窃。

此外,很重要的是家里要有秩序和清洁,没有灰尘,没有多余的、损坏了的、到处乱扔的东西。这一切都是十分重要的,比我们感觉到的重要得多。如果家里有许多妨碍生活的东西,但扔掉又觉得可惜,这或者是因为它们还有点价值，或者是因为它们让人想起了什么，所以搞得到处是旧衣服、旧毯子，在这样的情况下就养成了没有条理的习性，缺乏对东西的责任感。如果您的家里只有确实需要的东西，在某个方面有用的和令人愉快的东西，如果没有破旧的东西矗立在眼前，那么，偷窃行为是很难发展的。这种责任心表现在你们对那些你们要收起来的或当不需要时要扔掉的东西的关心上，你们也要培养孩子对东西的责任心，这种责任心采取尊重物品的形式，并成为防止偷窃的免疫剂。

我说了最主要的东西，我认为这在我们的教育工作中是很重要的：这就是对爱和严厉、慈爱和严格的尺度感，对东西和财产的尺度感。这是我坚持的主要原则之一。

我强调只有这样的教育，才能培养出有高度忍耐力、不抱怨、不流泪的人，他们能够建立丰功伟绩，因为这样的教育可以培养意志。

问题解答

问：我们大家都有一些头痛的问题，我们都有兴趣与 A.C.马卡连柯谈谈。

我有两个男孩。教育的条件是一样的，但两个孩子却不一样。一个对钱不感兴趣，另一个见到钱就不能不拿。什么样的锁都没用。家里有劳动环境，家长生活得很和睦。但如果剩下了果酱，他必然会把它吃掉。如果把装有三四十卢布的钱包放在那里，他就会把钱拿走。

小伙子很好。他不拿别人的东西,还把自己的东西给人。真不知道拿他怎么办。父亲谈到他就生气。男孩16岁了,可身体发育得像18岁的人。哥哥是共青团员,而这一个对共青团不感兴趣。他长得很英俊。女孩们都很喜欢他。他不愿学习,从一年级起学习就很差。"刚刚及格地"从一个年级升到另一个年级。他讨厌劳动,可是对什么都乱抓一气。

"怎么,你想学习了?"

"是的。"

"为什么还不学习?"

不吭声了。

"不想学习,那就干活去吧。在生活中你究竟想干些什么?"

"不知道。"

他喜欢踢足球。晚上三点才回家。"你到哪里去了?"

"没上哪儿去。"

他对外人不粗鲁,但在家里蛮不讲理。还偷窃。拿他怎么办呢?父亲说他没拿,我说他拿了。父亲在假装信任,但是什么效果也没有。

现在他已升到九年级了。

答:为什么你们在小儿子的教育上遭到了失败?

我不可能在没亲眼见到孩子的情况下回答你们提出的问题。如果我认识那个男孩,我就可以说几句,提出一些建议。但是我不了解你们的环境,不了解你们的错误,不了解你们在语气和其他方面的错误,不了解你们的熟人和日常生活,在这种情况下我不能承担提出任何建议的责任。

但一般应该说,发生的这些事情是令人不满不快的。在《父母必读》中,我力图阐述一个问题:应该怎样正确地进行教育;而关于必须怎样进行再教育,无论在《父母必读》中还是在今天,我都不打算谈。对于家庭来说,这件事情实在太困难了。为了进行再教育,必须改变他生活在其中的那个集体的整个风格;你们的儿子在公社里可能是最容易改好的孩子,因为他既有文化又正常,还漂亮,而你们在家里确实不知所措了,不知道怎么对付他。你们东奔西走,试试这个又试试那个。但是我相信,如果你们请我到你们家去做客,如果我和你们一起谈一谈,那么,我们会得到某种结果的。我到过许多这样的家庭,我是以教育家、顾问的身份去拜访这些家庭的。这对我也是很重要的:我扩大了观察的范围。请你们不要不好意思:你们来找我,我给你们一些协助;你们帮助我,我也帮助你们。

问:我有个女儿,她6岁了。我想把她教育成勇敢的好女孩。但不管我作出了多大的努力,我也避免去吓唬孩子,她仍然是个胆小的、畏缩的孩子。她睡觉时总是问:"我将会做什么样的梦?"好像她害怕梦。她一做梦就吓醒。

怎样培养孩子的勇敢精神呢? 我尽了很大的努力,但没有结果。

答:您问怎样与女孩的胆小作斗争。您没什么可担心的。小姑娘在6岁时常常感受性较高,有点神经质。女孩子在六七岁时胆小,而到了 11 岁就会变得不那么安分,简直没法制止。

您家里或邻居家里有没有人讲鬼怪恐怖故事。她害怕些什么?

我不清楚这是哪一种类型的恐惧。可能这是一种幻想,有时候这是一种非常强烈的幻想。

在这种情况下医生可以提供更大的帮助。您没有提供任何资料可以用来确定小姑娘的行为。我在没有认识这个女孩之前就来谈论她,是不严肃的。请允许我去看望你们,而你们自己最好去与神经科医生谈谈。

问:在这种情况下怎么办? 你在家里与男孩子说什么可以做,什么不可以做。你培养他好的习惯。你允许他去找其他孩子玩,就是说你不阻止他与其他孩子在一起。虽然你知道他与形形色色的孩子打交道,你也知道他可能学会骂人,你也知道孩子们连偷窃这样的事也敢谈论。但是不放孩子出去也不行。如果不放他出去,就得让他坐在家里,得照管他,剥夺他的各种娱乐。放他出去又很危险,因为可以预料到,他会与我们院子里的孩子们发生许许多多各种各样不愉快的事情。

答:怎样让孩子不受外界的有害影响,这是一个很困难的问题。有一次,一位著名的法国政治活动家[3]来访问我国,他到我们公社来了。他很喜欢我们的公社。当由公社社员组成的乐队奏起了贝多芬的乐曲时,他哭了。他没想到从前"马路上的孩子"竟然能为他演奏贝多芬乐曲,他决定要深入地了解孩子们。

"一切都很好,"他说,"但是有一点我不同意:你们怎么可以让正常的好孩子与过去的小偷和小流氓一起受教育呢?"

我简短地回答他:"而在生活中怎样呢,好人不是也和坏人在一起生活吗? 在诚实的人们中间也有居心不良的投机分子和骗子……"

我们不可能让孩子生活在只有理想的人的社会中,并在这样的社会中受教育。这样教育出来的孩子一进入社会就会垂头丧气。[4]您的男孩应该适应各种各样人的社会。他应该既能与人们和睦相处又能进行抵制,生活中各种各样的条件他接触得越多越好。把他隔离起来不放他出去,这可能带来很大的危害。他太习惯于家庭的温室,于是每个人就都可以欺骗他,玩弄他。必须培养抵制能力。为此有一个很好的方法:这就是您的家庭气氛。如果在您的家中有真正良好的气氛,如果您有威信,如果男孩相信他的妈妈是最漂亮的、最正直的、最整洁的、最快乐的,同时也是最严肃的,那么,就不需要说服他,因为您对他来说就是最高的权威,威信是最主要的东西。只要您开始劝他,说服他,他就会想既然你来说服我,那么,你就不是那个最高权威。您应该直截了当地说:"你应该知道这样做是不可以的。"如果他还是干蠢事,您就可以要求他:"解释一下。"让他向您解释自己的行为,而不是您向他解释。您发出这个不容置疑的命令"不可以"的时刻,这就是您的儿子学习抵制能力的第一步。

如果与您儿子一起玩的那个男孩很不好,您不要禁止儿子与他一起玩,但您应该接近这个男孩,了解他在哪些方面不好,并了解他这种不好的品行表现在哪些方面,在什么时候表现出来。不要去说服您的孩子,而是用您的信心、您的镇静使他产生一种印象,让您的孩子自己发现,如果他也这样干蠢事的话,您也不会哆嗦。这里不仅仅是理智和心灵的问题,还需要有眼力,有帮助自己的儿子和别人的孩子(如有必要的话)的能力。儿子满怀信心地跟着您走,这时有害的影响就不可怕了,他将轻而易举地克服这样的影响。

问:我的男孩读四年级。他对待家长的态度很好。如果他病了,在晚上他不会去惊动妈妈:"你累了,我自己起来。"

孩子很守纪律。在学校里老师定期地让一些不守纪律的孩子坐在他旁边。我对此没反对。但是在孩子身上发展了某种不太好的东西。他回家来说:"你知道吗,今天我的'徒弟'得了优。可能要安排他到别的座位上去,彼得罗夫或伊凡诺夫可能坐到我旁边来。也应该拉他一把。"

我不知道这对他是好还是坏,也不知道如何向他解释。他毕竟还不是老师,只不过是个小孩。

还有一个情况。我看到过一家人家的一个男孩。从这个孩子一岁半起我就认识他了。他长成一个很好的男孩,天赋很好,父亲是个演员,母亲是家庭主妇。父亲死的时候男孩12岁。有一段时间他还是那样好。妹妹是个很好的小女孩,她小的时候哥哥非常疼爱她。父亲死后,一个好男孩突然变成了粗鲁的、没有礼貌的16岁的小伙子,怎么会这样的呢?要知道母亲很爱孩子们,把所有的东西都奉献给了孩子们,现在她自己不吃,而让儿子吃好。

答：如果母亲舍弃一切，甚至把自己的食物都给了儿子——这是最大的错误。儿子应该把食物奉献给母亲，儿子应该为了母亲舍弃自己的东西。而在您说起的这个家庭里，要让母亲开始斗争。这时这是一场困难的斗争。

我拥护在电车上孩子应该给成人让位子。这是对的。但是关于这个问题常常不得不与家长们争论。在家里所有的好东西首先应该给家长，我是这种做法的坚定的拥护者。如果您有绸缎，应该先给母亲缝制裙子。如果您有100卢布并有一个问题："谁沿着'伏尔加—莫斯科'运河去游览一次，让家长去还是孩子去"，那么，最好的解决办法是首先让家长去，然后才让孩子们去。这并不是说您不必再关心孩子了。您可以关心他们，但要让他们从心眼里懂得，首先应该得到关心的是家长。

我常常听到这样一种议论，当要解决给谁缝制新裙子的问题时，会有这样的共青团员，而且还是优秀生对母亲这样说："你还要什么？你已经38岁了，你还能活多久，而我还年轻，我需要生活！"

我没有女儿，但有一个侄女和我一起生活并受教育。如果我的妻子有了四条裙子，而侄女只有两条，我仍然坚持让妻子给自己缝制第五条裙子，而女孩子要等到以后再做第三条裙子。我建议给16岁以下的女孩子只做印花布裙子。等到她们十年级毕业时可以得到一条普通的绸裙。有两三条印花布的裙子，而且还要自己缝制，自己熨平，如果喜欢的话，还要自己改制，这就是准则。如果女友缝制了一条时髦的裙子,我就也要有一条,这是不行的。应该让女儿为自己的印花布裙子感到自豪,要为对母亲作出的谦让而感到自豪。[5]

至于您的"教育家"儿子,这里牵涉到学校和教师,我还能做什么呢?他们是有学问的人,懂得应该做些什么。

我本人要求公社社员们去注意那些较差的同学,但必须另作安排,应该有另外的一套办法。就是说我不说你好一些,那一个差一些,而我说:"我给你一点负担:张罗一下这个落后的人。一定要取得好的结果;如果得不到好的结果,你要承担责任。"

这样地提出问题,他在帮助别人时就不会感到自己是一个教育家,而是在完成交给他的任务。

在您的这种情况下,糟糕的是班上的其他男孩子没有得到与您的儿子同样的任务。如果一些人帮助另一些人,那么,谁也不会把自己想象成教育家。所有这一切都取决于教师的工作风格。在这一方面我想不出有什么一般的规律。如果您的孩子骄傲自大起来了,这是非常有害的。必须对他说:"老师有点搞错了,你自己还需要拉一把呢。"

如果教师做错了,我又能做什么呢?这是很愚蠢、庸俗的办法。

对于报告的发言

JL同志:今天我怀着急迫的心情来听马卡连柯同志关于儿童教育

的报告,马卡连柯同志所说的一切完全符合我的孩子们的教育情况。很显然,这是因为我不是只有一个孩子,而有三个孩子。

怎样理解父母的幸福?

当然,这种幸福不仅表现在对孩子的爱和日常生活的某种特殊的舒适之中,还体现在孩子能看到家长的工作并尊重这种工作。

我的丈夫工作,我也工作,我从事社会工作。在这种工作中,我得到了道德上的满足。我很幸福,因为我很清楚教育我的孩子们的目的是什么。

我是怎样开始教育他们的?为什么与马卡连柯同志所讲的那么相似?确实,所有这三个孩子从小起,从他们刚生下起,我就从来不抱他们。孩子躺在摇篮里,当需要喂奶时我把他抱起来喂奶。从来不把他放在自己身边睡觉。坐下吃饭或喝茶时我不抱孩子,也不抱着孩子去做客。孩子醒来时让他在小床上玩。如果他哭闹,我就搞清楚原因并排除引起他哭闹的原因。孩子在一岁以前完全不抱他,我们严格地遵守了这个制度。

现在大孩子已经 11 岁了,老二 8 岁,最小的 4 岁,三个都是男孩。我很爱自己的孩子,为他们做一切,让他们穿得好,吃得好,尽量让他们快乐,与他们一起看戏、看电影、去森林。而给他们的惩罚是取消一次他喜欢的娱乐活动。

我们的制度是认真的。

我们做家长的首先应该教育自己的孩子,而我们自己常常会出现这样的情况:今天破坏了制度,而明天又立新的规矩。这对孩子的影响很大。虽然有时我感到很困难,但我从来不违反生活制度。

如果我要到什么地方去,我就告诉孩子们在我不在时做些什么,当我回家后我就奖励表现得好的孩子。我奖励他们好的糖果或玩具。

家长应该有威信。因此我们应该永远诚实地、老实地履行自己的诺言。

举一个小例子。我在学校里搞社会工作,有过这样一件事情。我经常带自己的孩子和在学校里学习的其他孩子一起去看戏。我辅导一个班级,有人告诉我这个班里有五个小流氓。我问:

"孩子们,你们谁去看戏?谁表现得好,下次我就带谁去看戏。"

既然我说了,我就应该做到。

下一次,当我来到这个班级时,我对被认为是小流氓的那几个孩子中的一个说:

"怎么样,西罗特金,你表现得好吗?"

他表现得很好。

"有钱吗?"

他掏出了钱。

当我带孩子们去看戏时,有人对我说:"他骗了您。每个老师都说他是流氓,没有人客客气气地对他说话。"

当到了儿童剧院时有人对我说不要放他一个人走。我对他说:"走吧,溜达溜达,但是要记住自己的座位。"

幕间休息时，我走向自己的座位，发现这个男孩跟在我后面，他跟着我走，看我到哪里去。

我没注意他，但适当地跟他说话，他表现得很好。当我们坐车快到家时，在开始各自回家时他对我说："再见，阿姨！"

首先应该个别地对待孩子，我很满意，马卡连柯同志说过的话中有一部分反映在我的生活中。但我觉得我常常是严厉的。

是否有必要继续这样的严厉？

马卡连柯：我的印象是您对自己的孩子很严格，而对别人的孩子可能是慈爱的。

Л同志：有时候孩子想要什么，我拒绝了。或者有时候他想出去，而我说"没有我你不可以一个人出去，你不可以擅自出去"，等等，我可能没有这么大的权力。他已经11岁了。

关于偷窃行为，不久前有这样一件事。我请了一位新的家庭女工，老奶奶撒了糖，孩子们没拿来吃，她感到奇怪，对我说："在那家女主人家里，孩子们老是拿糖吃。"我家里什么东西都不上锁，对孩子们也没有什么限制，但孩子们要拿什么东西，他们都会让我知道他们拿了些什么。

有人在座位上说：您的丈夫帮助您，还是破坏您的纪律？

Л同志：我的丈夫在孩子们面前有很高的威信。当他们犯过失时他不与他们长谈。不久前发生了这样一件事，在一个休息日的早晨，他说："孩子们，穿好衣服，我们去滑雪。"而对大孩子(他喜欢滑雪)说："你不要和我们一起去滑雪。"

别的话什么也没说。我们收拾着准备出去，儿子走到我跟前，对我说："妈妈，我和你们一起去。""我什么也不知道，问你爸爸去。"

他爸爸说："不。"儿子请求着，哭着，但我们还是没带他去滑雪，尽管滑雪对他是有益的。我们认为，自己说的话必须做到。

马卡连柯：这很有意思。

有人在座位上说：许多母亲，包括我在内，对别人的孩子比对自己的孩子要慈爱一些，就是说对自己的孩子严厉一些。儿子对我提意见了："你好像更喜欢那一个。"

我回答："他没有爸爸、妈妈（这一次确实这样），而你有妈妈。即使我骂你，我还是你的妈妈。"

马卡连柯：因为我更爱你，所以我对你更严格些。

有人在座位上说：我的女儿14岁了。她很内向，没有女友。她在驯犬小组工作已经第二年了，她训练狗。而我和她父亲认为女孩子与狗搞在一起，算怎么回事。只要一与女儿说起让她什么时候停止驯狗，她就回答：或者让我训练狗，或者我到没人的地方去。我和她父亲认为驯狗是没意思的事情。我们为此很发愁。

对于服装她不在乎，只要干净就行。升到七年级了，只有俄语写作得了"中"。她想当驯狗师，研究生物学。

马卡连柯：您的不安让我感到奇怪。这是多好的事情啊。除了参加晚会，对其他任何事情都不感兴趣的青年才让人恼火呢。这才是最不幸的情况。如果女孩迷恋狗,对生物学感兴趣,这很棒,让她去迷恋吧。狗,这是很妙的生物。它们的社会永远是无害的。

有人在座位上说:有一位同志在谈到教育自己的孩子时说,她由于孩子表现得好而奖励他,这样做对不对?

马卡连柯:关于这一点我写过,我反对用巧克力来奖励。在家里只应有一种奖励:"你做得正确。"您可以给他巧克力,但这与他的行为无关。

我们的公社社员们比许多生活在家庭里的孩子,日子过得富裕一些,他们制造照相机。我们建造了一座漂亮的大楼:镶木地板、镜子、美丽的图片。你们可以读一读刊登在《红色处女地》上的《塔上旗》。经常有人向我提出这个关于奖励的问题。收买孩子,这样做有多简单:去做这个,你可以得到奖品。我一直反对这样做。没有任何奖品,最大的奖励就是"正确地去做"。更重要的一种奖励是通令嘉奖。这是最高的奖赏,没有一个公社社员得到过其他的奖励。

如果某个孩子的行为不成体统,不体面,我能怎样惩罚呢?关禁闭或者派勤务,我从来不允许用剥夺食物或糖果、不给某种东西来进行惩罚。巧克力人人都有,你也有,不管你表现得有多坏。借助于糖果的任何奖励和惩罚都是不允许的。

这虽然没有多大危险,但会导致斤斤计较。11岁前"善于计较的人"还表现不出来,但到了他18—20岁时,您就会看到不愉快的后果了。您有很好的严厉和慈爱的准则,但关于巧克力会带来什么问题,应该重新考虑一下。

Л同志：我不是每天都奖励他们。我要出去开会，让他们自己留在家里。我就对他们说："孩子们，你们大家都表现好一点，我给你们带好吃的来。"

马卡连柯：在这种场合您的表现就像一台过时了的机器一样。您是这样一位有能力的母亲，您完全可以不那样做。对您的孩子来说，这可能不会有什么害处，因为他们已经很好了。而对一些稍差的孩子来说，这可能是有害的。

Л同志：可是在工厂里奖励优秀的斯达汉诺夫工作者，孩子们也知道爸爸受到奖励。"爸爸得到了奖品，我为什么不可以呢?"

马卡连柯：如果您在一年前为孩子们安排了一项长期的任务，为了提前完成计划是可以给奖品的。但在这种情况下奖品不应是糖果，不应是巧克力，不应是自行车，而应该是他工作所需要的某种东西:工具或者锤子。选择奖品是不那么容易的。而"好好干，给你们糖果"，我是从来不采用的。您还常常夸奖，如果少一点夸奖，它起的作用会更大。有时候我用书面形式正式邀请某个公社社员:"请11点钟到我这里来。"当他来时，我站起来对他说:"你做得很对。"这对整个公社来说是一件大事:我承认了他的行为是正确的。

而在家庭里这样做是很容易的。

我再讲一个问题:丈夫和妻子。家庭总是由两个平等的成员组成的:有时候妻子温和一些，丈夫严厉一些;有时候相反，丈夫是那样的献媚,那样的慈爱,简直不可救药,妻子因此而大权在握。我得出这样一个结论:这必须进行一些调整——在家庭里要有两个审级,低级和高级。在家里谁对孩子关心得多? 如果是妻子,丈夫就应该作为后备力量。他应该观察,在与孩子发生小的冲突时应该很少说话。而在高审级上的谈话应该是遇上小"丑事"了。当孩子犯了小小的过失时,父亲最好不要干预:让母亲一个人去处理就行了。当男孩子的行为"太过分"时,才可以叫爸爸这门"重炮"来帮忙。这是有必要的。

当父亲和母亲同时"扑上来"时,对孩子的压力是他无法承受的。这里需要作出分工:谁是上诉审级;谁是上诉的,而谁是常设执行的。

有人在座位上说:您说过,家庭环境对孩子的教育具有很重要的意义。您还说过,家里没必要有太多的东西,所有的东西都应该严格地放在一定的地方。我们每个人都在努力这样做,因为房间里的混乱也意味着子女教育的混乱。您认为在家庭环境中什么东西是多余的? 如果我在一个"光秃秃的"环境中教育孩子,这对不对?

我不是说我家里东西很少。我本人是个画家,我家里挂着许多画。整个房间都挂满了画,这也许不卫生。如果我把画取下来是不是好一些呢?

但我的孩子到一位数学老师的家里。这位老师在教室里,孩子们都觉得他是个干巴巴的书呆子,是个好找茬的、麻木不仁的人。这位老师的家庭环境给我的儿子(孩子8岁)留下了什么印象啊! 孩子说:

"我原以为他是个干巴巴的、乏味的人,而当我到他家去时,我是多么愿意坐在他的家里啊。在他的家里挂着一些很好的画,摆着老式的沙发、老式的桌子,这一切看着就感到很愉快,都不想离开了,而在教室里巴不得他快点走。"

还有一件事。我用屏风为孩子们分出一间房间来。我尽量不在他们的房间里挂画。不久前,在普希金纪念会上,一位画家送给我们一幅普希金画像。我把它放在镜框里,挂在孩子们的房间里。

"多好啊,普希金!"他们说。"不能再挂点什么别的吗?"

好的环境,好的东西,能让孩子们变得高尚;而您说不需要多余的东西。恐怕我不这样想。什么东西是多余的呢?

马卡连柯:作为一个画家,您自己能够回答这个问题。多余的东西就是这些东西是多余的。喜欢普希金的肖像,它产生了印象,这就不是多余的东西。多余的东西,就是不需要的东西,它盡在房间里不会对任何人产生印象。难道您没有看到那些像家具店的住宅吗?有些人觉得这是豪华,而事实上这是家具仓库。如果您只是在您的房间挂上许多画,那么,里面有一半是多余的。

不应该有破烂不堪的东西。不应该有谁也不读的书,不应该放着许多过期的杂志。不应该摆着谁也不坐的只能堵塞房间的沙发。不应该有多的、积满灰尘的、破烂的东西。一般来说,美丽的、富裕的环境是没有什么不好的,您为孩子们挂了普希金的肖像,这好极了。

有人在座位上说:我是教师。我不得不在学习方面与孩子们发生冲突。我让学生把家长叫来,对他们说,孩子没有系统地准备功课。家长就发火了。但是,我没能做到让家长注意孩子的记分册和让孩子按时做作业。最重要的一条原则是不要对孩子突然袭击,而要采用一定的教育方法,向孩子提出要求,并要经常遵守这些要求。

马卡连柯同志恰好也有这条原则。当我还是大学生的时候,我曾经在他的工学团里,终生保留着鲜明的印象。我看到了孩子们清楚地知道他们可以做什么,不可以做什么。这种模范的秩序提供了教育孩子的可能性,家庭里也应该有这样的秩序。母亲一会儿对着孩子吼,一会儿打他,一会儿又允许他想干什么就干什么,如此地没有秩序是最碍事的。不履行诺言的影响也是很有害的。

马卡连柯:我不作总结了。这个问题永远也讲不完,我们还可以长时间地讨论它。

我只想回答一个问题:这是关于家庭有无物质保证的问题,关于零用钱的问题。如果您自己不去买东西,而是交给孩子一个预算,由他来完成这个预算,这时对预算的修正在家庭中是十分重要的。当然,钱不必给得太多。

人们有时候说,在没有物质保证的情况下教育孩子是很困难的。我不认为在物质收入拮据的家庭中的教育,要比富裕的家庭中差。在这两类家庭中,儿童教育中的不合格品率大致是相同的。这完全取决于家长的关心和注意。我的同事说得很对,应该系统地教育孩子,而不是一个月教育一次。系统的教育是很重要的。

至于学校和家庭，我从来不把家长叫来。我是教师，我教了16年的书。我认为，如果孩子在我这里受教育，我是一个熟练的教育工作者，我就要促使孩子们去积极地影响家庭。

请试一试从这种观点出发，你们就会发现教孩子感觉到自己对家庭的责任是很容易的。在学校应该这样教育孩子，使他们能额外地向家中注入一股健康的空气，这不是改造家庭，而是让孩子们作为国立学校的代表走进家庭，并把这一思想贯彻到生活中去。

问题当然还可以讨论。等下次吧。谢谢大家的关心。

注释

[1] 马卡连柯所说的这部书就是《父母必读》。——译者注

[2] 马卡连柯在这里这样说显然是为了强调儿童早期教育对人的今后发展的重要性。高尔基工学团和捷尔任斯基公社的经验表明，完全有可能对14—15岁少年进行教育和再教育。——俄文本编者注

[3] 马卡连柯指的是法国著名政治家艾里奥（Эррио，1872—1957），他曾于1933年8月访问捷尔任斯基公社。——译者注

[4] 现在大部分苏维埃教育家都坚持认为在教育上被耽误了的孩子，应该与普通孩子一起受教育和学习。——俄文本编者注

[5] 马卡连柯把衣服问题看作是在教育上合理组织日常生活的一个重要因素。——俄文本编者注

家庭和学校中的儿童教育*

家庭和学校中的儿童教育，这个题目这么大，可以谈上不止一个晚上，而且根本谈不完。一个晚上我们只能涉及某几个主要问题。而主要的是我可能不是一个专家。你们问为什么？你们自己会发现的。我简要地对你们说说我自己。

我是个教师。从 17 岁就开始当教师了，最初 16 年我在一所铁路学校里工作。我是工人的儿子，并在我父亲工作的那个工厂教书。在那里工作了 16 年。这还是在旧制度下，在旧学校中。

在我从事教育工作的最初 16 年，我就在探索像家庭与学校的联系这样一些有决定意义然而极其困难的问题，虽然我所处的条件比你们

---

* 本文是 1939 年 2 月 8 日，马卡连柯在伏龙芝地区教师之家会见教师时所作报告和回答听众的问题的速记稿。马卡连柯在本文中阐述了他从自己的经验中得到的一些结论，在从普及七年制教育过渡到完全中等教育的条件下，这些结论也可被普通学校采用。马卡连柯试图在加强学校的指导作用的基础上解决学校与家庭的联系问题，因此这篇报告的主题涉及以下几个方面：学校是一个统一的劳动集体，苏维埃社会组织体系中的重要环节，作为"经济组织"的家庭形成的重要因素。——俄文本编者注

中的许多人有利一些。

为什么？因为我是个教师，后来当了厂校的校长，学校把住在一个工人住宅区的工人们的孩子结合在一起。我本人也是工人集体中的一员，是工人家庭的一员。我的学生和家长们结成同一个工厂的，一个不大的、统一的工人社会。

因此，我的机会很多。你们在莫斯科这样的机会可能少一些，因为你们是按儿童的地区分布来招收学生的。

他们的家长没有结合成一个统一的工人集体。你们接近家庭的机会可能比我少一些。但你们有苏维埃政权这样一个极好的条件。我那时候没有这个条件，那时候是旧的、专制的俄罗斯。

革命后，命运使我远离了家庭。我与没有父母、没有家庭的孩子们一起工作了16年。我几乎没有会见过家长。

最近几年来，我确实又与家庭接近了，但我在苏维埃政权下的主要工作是在机关里的工作，在这样的机关里生活的受教育者是"根本"不承认家庭的人。

如果我们这里来了个孩子，他的爸爸、妈妈在很远很远的一个什么地方，他们就会稍稍傲慢地对待这个孩子：据说你是贱民出身，而我们是街道上真正的显贵。

如果爸爸、妈妈离得很近，有时甚至还到公社来看看，他们的会面是很不客气的，他们说，你们到这里来干什么？你们在这里需要什么？没有你们我们过得很好，你们的儿子没有你们也活得棒极了，你们在这里没什么可做。

还有更悲剧性的情况。

我有过一次不寻常的经历。这件事是在一个有趣的环境中发生的。一位电影摄影师受某个电影制片组织的委托,到我这里来拍摄位于哈尔科夫的捷尔任斯基公社。他是一个动作敏捷的小老头,非常的不拘小节,非常的机灵,是那一类善于观察、善于发现的人。

他非常高兴能到公社来。公社的一切他都喜欢。有一次,我正与他在办公室商量些什么,这时非常意外地闯进来一个看上去是很有教养的同志。看得出他刚下火车,风尘仆仆的,他说:

"我从梅里托波里来。我得到一个消息,说我的儿子瓦夏·斯托利亚罗夫在你们这里。"

"是的,有这样一个人。"

"我是他的父亲。他从家里出走了。我找了他半年,现在知道了他在你们这里,所以来找他了。"

这个人很激动,嗓音发抖。

"好吧,请把瓦夏叫来吧。"

瓦夏来了。男孩 14 岁。这个孩子在公社已有半年了。他穿着制服,外表整洁、神态端正,站有站相,看有看相,一切都恰到好处。他来了,站在那里问:

"您叫我吗?"

"是的,你的父亲来了。"

"父亲?"

一下子所有的形式都不见了,互相扑了上去,拥抱,亲吻,不一般的爱:父亲爱儿子,儿子爱父亲,等等。

拥抱和亲吻结束了。男孩恢复了常态,父亲说:

"那么,你们能放他跟我一起走吗?"

"让孩子自己决定吧。他愿意怎么样就怎么样。想和您一起走,那就走吧。"

但是就是这个男孩,刚才还高兴得哭了,满脸通红,现在却非常严肃地看着我,摇着头说:

"我不走。"

"为什么? 要知道这是你的父亲啊!"

"反正我不走。"

父亲脸色苍白。

"你怎么不走呢?"

"我不走。"

"为什么?"

"不走就是不走。"

"为什么你不愿走? 这是你的父亲吗?"

"我不愿。不走。"

父亲开始发火了:"不管你愿不愿意,我得把你带走。"

我的队长们参与进来了:"在这里您不能把任何人带走,他是捷尔

162

任斯基公社社员；您可以央告他，他愿意他就走，他要是不愿意他就不走。"

父亲倒在椅子里。由于过分激动，歇斯底里症发作了。大家不断地安慰他，给他水喝。稍微安静后他说：

"请把瓦夏叫来。"

"不，现在不能叫。"

"只不过是跟他告别。"

我叫来了通讯员：

"去问一下，瓦夏是否愿意与父亲告别。"

瓦夏来了。又开始了痛哭，拥抱，亲吻。当一切结束时瓦夏问：

"我可以走了吗?"

"请吧。"

他走了，而我又与他父亲坐了两个小时，看着他。他坐在椅子里，叹着气，哭着，镇静了一会儿，又哭了。就这样他一个人走了，没把瓦夏带走。

在这个事件中，最有"戏剧性"的是我的摄影师，这个场面让他欣喜若狂，他完全是不由自主地在父亲与儿子痛哭、亲吻、拥抱的时候，巧妙地把这一切都拍摄了下来，他对此非常满意：

"我的摄影师弟兄们一辈子也难得碰上一次这样的机会。"

我想在这里尖锐地提出家庭和家庭教育的问题。1935 年，委派我去乌克兰消除无家可归和无人照管的现象。就在那里，我通过自己的实践知道了家庭是怎样教育孩子的，知道了为什么家庭为我们提供了年轻的无家可归的违法者。

我访问过许多家庭，认识了许多家长，在他们需要的时候给予他们帮助。只是在那个时候我才更接近了家庭，主要是那些在孩子的教育上遭到失败的家庭。

在自己的这些印象和自己的工作的影响下，我决定要写《父母必读》。

《父母必读》的构思是写成四卷，所以没有把什么都放进第一卷中。第一卷阐述作为集体的家庭。超出这个范围的其他所有问题不在此列。

我想在第一卷中说明，为了成功地教育孩子，家庭首先应该成为苏维埃的集体。当由于各种原因（或者由于父母不和，或者由于父母中的一个离家出走，或者由于缺乏制度、家长没有威信，甚至可能由于这样一些至今尚未引起足够重视的原因，如家庭中的独生子女问题）这个集体出现裂缝时，教育的条件就变得很艰难，因为集体已失去了集体的特征。从家庭的某些部分看，家庭似乎已不再是集体了。

在第一卷中我只研究这一个问题。

同志们，总的说来我很少与家长见面。但在最近几年，1932 年、1933—1935 年，我们的公社发展了，公社开始制造"莱卡"照相机，变得富裕了，过渡到完全的经济核算制，并能为国家提供自己的产品，许多家长开始请求我们接收他们的孩子。

我们原则上不是这些家长的支持者,但与他们见面时总归要作出一些让步。我们开始根据家长的请求接收有家的孩子了。

来找我的家长很多,他们来自苏联各地。但我们只有在万不得已时,即从我们的观点看来孩子是极好的一个人,我们需要与他交往时,我们才接收他。

好孩子,听话的孩子,我们当然原则上是不接收的。我们要的是那些偷窃家长的财物、殴打母亲、用各种各样恶毒的语言咒骂母亲的孩子,一般说来,是有着"坚强的"性格的那些孩子。

我夸口地认为,自己在改造各种各样的违法分子方面是个伟大的专家。我想:"有家的孩子究竟是什么样的,难道很难改造他吗?这是小事一桩。"无论我怎么看待这些有家的孩子,我都发现,我们的违法者比起他来差远了。

杀人犯、淫荡的人、小偷、最不要命的"旅行者",与这些有爸爸、妈妈的孩子相比,简直像羊羔一样驯顺。

有家的孩子大部分来自好家庭,都是娇生惯养的。有些人已习惯了乘坐国际列车。这些人是最困难的。

无人照管的孩子只能指望我一个人,他看着我一个人,心想这个人给我发生活的通行证。[1]即使我有时很粗暴地发放这种生活的通行证,但他知道这反正是生活的通行证。

那么,这个孩子怎样看着我呢?

"你怎么这样跟我说话,你知道我爸爸是谁吗?你知道我妈妈是谁吗?"

也有溜回家的情况。

这就是这些有家的孩子,一点也不比无人照管的孩子容易和简单。

第二卷中讲儿童在家庭中的政治道德教育,当然也要谈到学校,因为家庭与学校是不可分离的。

第三卷将讲讲劳动教育和职业选择。

最后,第四卷要阐述一个最重要的问题,遗憾的是,这个问题在教育学中至今尚未提到,这就是如何培养人的问题,要让他不仅是一个出色的工作人员;还是一个好公民,是一个幸福的人。

请不要认为我想把人教成幸福的。把人教成幸福的是不可能的,但培养他,使他成为幸福的,这是可能的。

这是最困难的一个问题,之所以困难是因为所有的家长都在考虑这个问题。每个家长都希望自己的孩子幸福。这是家长生活的目的。为了达到这个目的家长准备放弃自己的幸福,准备牺牲自己的幸福,只要儿女能够幸福就行了。很难找到不考虑这个问题和不希望孩子幸福的家长。而如果我们发现了有这样的家长,我们就会谴责他们。

同志们,这个问题看来是很重要的,也是很困难的,因为实际上这个问题任何时候都没有得到过解决。这个问题就是:幸福取决于怎样的性格,怎样的习惯、传统、发展和信念,什么是幸福。

如果四卷《父母必读》一起写出来并同时出版,那当然是再好不过了。那时就请想怎么骂就怎么骂吧,事情已经做完了。我先出版第一卷可能是个错误,许多人指责我这个没说,那个没谈。既然我的计划中还有三卷,这些我当然没有说。

同志们,我简要地与你们说了说我自己、我过去的工作和将来的工作。可以说,这是一个短短的开场白。现在我们转入基本问题:谈谈家庭与学校的关系。

提出下面这类问题是合适的:谁在进行教育,是家庭还是学校? 可以很诱人地简短地回答:既是家庭,也是学校。通常都是这样回答的。

在这样的情况下需要稍稍地改变一下问题:谁应该是主导的因素,是家庭还是学校? 我现在正在研究这个问题。我拜访过许多家庭,去过许多学校。许多人到我这里来,他们大部分都有过各种各样"不幸的"经历。看来对这个问题没有一致的意见。

我几乎没听到过家长说:"我们应该教育孩子,为什么学校要妨碍我们?"我也没听到过教师说:"学校应该进行教育,为什么家庭要妨碍我们?

通常人们这样说:"我们——学校,你们——家长,都应该教育孩子,为什么你们不教育?"家长反驳说:"我们把孩子送到学校,让学校去教育他们,为什么学校不教育?"

结果是家庭和学校都不愿把教育孩子的权力抓在自己的手上。相反,双方都力图把教育的整个重担推到另一方身上。

口头上的情况是这样,实际情况更糟。假设学生学习不好,教师就把母亲或父亲叫来(并非每个教师都这样做,但有这样的教师),并说:

"您的儿子学习很差，请采取措施吧。""是，采取措施。"

这表明，教师认为我没掌握什么教育手段，而家长所掌握的这类手段要多一些。孩子的父亲或母亲如果采用这些较有力的手段，孩子就会成为有教养的，至少能开始好好学习了。

有些教师认为，家庭是更有力的教育因素，家庭能做的事比教师多。

我不站在某一个方面去解决这个问题，也不打算单独地谈谈教师或单独地谈谈家庭。我赞成另一种观点。

在这个问题上，我不得不涉及我的一些教育信念，这些信念常被看作异端，但我仍然坚持它们。

我认为不可以指望个别的、孤立的教师，即使他是班主任也不行。为什么？因为这是在指望他的天才和能力。[2]

如果我们在考虑我们的数千万儿童——男女青少年的教育，那么就让我们像所有的生产者一样关心这样一个问题：允许多大的不合格品率？

在每个工厂都有一定的不合格品率，有的工厂不合格品率是0.5%，有的是1%，有的是2%。有的工厂，譬如，生产光学玻璃的工厂，允许不合格品率达到50%。

而在我们的生产中不合格品率是怎样的呢？我们什么时候考虑过这个问题吗？3 000万儿童中可以有多少是不合格的，即教育得很差的？让我们考虑一下吧。

我们从简单的算术题开始吧。如果有这么一个人说,允许有10％的不合格品率,我们就会把这个人称作人民的敌人,因为3 000万的10％,这就是300万儿童啊。

300万不合格的儿童是什么意思呢?这就是说有300万人背离了我们苏维埃的道德规范。所以我说,不允许有任何一个不合格品,1％的不合格品率也不允许有。谁能反对我?谁能说,在我们的儿童教育事业中允许有某种,即使是最微不足道的不合格品?

我坚定不移地认为,我一生都在这样说:不许有1％的不合格品,不许有一个被断送了的生命。

同志们,让我们接受这个定额吧:在教育工作中,不能有1％的不合格品。

如果我们寄希望于个别的教师,这就是说我们不仅允许1％、2％、10％的不合格品,总之,无数的不合格品,还表明我们想撂下这个问题不管了:要出多少不合格品就出多少吧,这将全部取决于教师的能力和勤劳程度。

我们有多少缺乏经验的、不熟练的、年轻的、平庸的教师啊。假设在我们的百万教师大军中有100个不好的教师,那么,我们能够心安理得地说,就让这100个不好的教师去制造不合格的产品吗?没有的事。不可以这样提出问题。

不可以根据个别教师的品质和能力来提出教育问题。如果我们就全苏范围而言,如果我们考虑整个一代的教育,那么我们就不是个别的教师,而是统一的教师大军的代表,统一的苏维埃教育界的代表,在任何情况下我们都没有权利把全部责任推到一个教师身上。

至少我的逻辑是这样的,这是一个愿对工作负责的公民的逻辑。我的经验也是这样说的。

我曾经也相信过,个别的教师就是一切,正是这个教师应该进行教育工作。我曾经也认为教育是一对一的过程,就像老的教育学书籍中那么写的:教师、教师、教师,儿童、儿童、儿童,所有的都是单数。我还这样想:我是教师,你是儿童,我们是一对一,我在教育你。

现在我坚持这样的观点:学校作为一个整体,作为一个统一的学校集体,对于个别教师来说,对于个别学生来说,对于家庭来说,应该是一个正确的教育组织,起指导作用的教育组织。

只要我们接受这个论点,马上就有无数的有关学校教育方法的问题涌向我们。我们怕是分析不清所有这些问题的,不管怎样我们还是要指出这些问题。

第一个问题——关于教师集体。

第二个问题——关于被教师集体领导的儿童集体。

第三个问题——教师集体和家庭。

这三个问题中的任何一个问题,都又分成许多小问题。如果我和你们一起谈上 20 个晚上,那就可以谈出点什么东西来。

我们从教师集体的问题谈起吧。我在自己的实践中进行过许多尝试,产生过许多怀疑,并为这些疑问而痛苦,最终得到了关于教师集体的一定的程式。这个问题是这样解决的:在学校的所有教师之间没有达成充分团结一致的地方,在教师不能互相帮助和相互提出严格要求的地方,在不善于对自己的同志谈不愉快的事情和在别人对你谈不愉快的事情时你会生气的地方,在不善于帮助同志(这是一种很难掌握的能力)和服从同志(这是一种更难掌握的能力)的地方,那里就没有教师集体。

顺便说说,没有一种专业是人所学不会的。人能够掌握任何专业,而教师专业就是当教育者,教育家。

这是很容易的事。我要你们相信,教育人是十分容易的、很好的、美妙的事情。但是在什么样的条件下进行教育呢? 下面我就来谈这个问题。

不必具有教育天才。我并不具有教育天才,我是偶然地,在对此没有任何使命感的情况下进入教育界的。我的父亲是油漆匠。他对我说:"去当老师吧。"没有多加考虑,我就成了教师。在很长的一段时间里,我一直感到我的工作进行得不太好,我是一个不太好的教师,是一个不太好的教育者。

但是我学会了。我成了我这一行的能手。每个人都可以成为能手,如果有人帮助他,如果他自己努力工作的话。但是,只有在好的教师集体中才能成为好的能手。

同志们,在其他任何专业中也是这样的情况。要知道任何一所学院都培养不出工程师,它只能授予工程师的称号,一个人只有在工厂工作三四年后,在好的工厂集体中好好地工作一阵之后,才能成为真正的工程师。

同样的情况,一个人要在好的教师集体中工作几年之后,才可能成为真正的教师、教育者。

近年来,我无论聘请什么样的教师,首先我都要努力地教他们。我已经是能手了,而他们还年轻。我对他们中的每个人说,你到我这里来,你什么都不知道,学习吧。他也发现了我说的是事实。

在捷尔任斯基公社,我有一位助手名叫塔塔里诺夫。

我是个多少有点严厉的人,我会训斥人。而他恰恰相反,软得像蜡。他不会提了嗓门训斥人。他是个很能干的人,出色的教师,非常勤劳,而且想当个好的教育者。

你们猜怎么样? 我要到一个地方去出差半个月,把他留在公社里代替我。我回来后问他:

"事情怎么样?"

"很好。"

晚上孩子们集会时,他们大笑。

"笑什么?"

"太好笑了。"

"什么?"

"他完全像您那样做。您说:见你的鬼去吧。他也说'见你的鬼去吧',但是嗓门很低。"

"那么,你们听话吗?"

"怎么能不听呢,我们发现了他在生气。"

这个人不能提高嗓门,但在这一句柔和的"见你的鬼去吧"中,他表达了自己的愤怒已达到了极点。

他成为了真正的教育能手。

为什么他能成为这样的人呢?因为他相信我这个集体的领导者,因为他在集体中工作,因为他不把自己的才能、自己个人的某些成就与集体对立起来。他为集体的利益而生活,他生活在集体之中。

如果在学校中有这样的教师集体,这些教师把整个学校的成绩放在第一位,自己班级的成绩放在第二位,然后放在第三位的是他作为教师个人的成绩,那么,在这样的集体中就会有真正的教育工作。

进一步发展我的思想,我坚持赋予集体的领导特殊的意义。在你们的学校里有校长,有教导主任、共青团书记、少先队大队辅导员……

在有些学校中所有这些力量,当然也包括教师在内,都服从领导,信任领导,听领导的话。就是说,在出现了分歧的情况下大家仍然按领导说的去做。

在有些学校中分不清谁是领导:校长在领导,教导主任也在领导,共青团书记也在领导,少先队大队辅导员也在领导,分不清谁在负责,谁教谁,谁真的在领导谁。

按编制,我这里应该有一位教导主任,但我从来没有聘请过。我感到很难。我要做自己的工作,还要做教导主任的工作。此外,我还有一个有着上百万卢布生产财务计划的工厂,还有一个公共宿舍。

所以,我就要处理日常生活问题、食堂问题、服装问题,等等。我一直没有助手,而是一个人干。[3] 所有其他人都担当同样的角色,彼此处于同样的关系中。我是唯一的一个领导者。我因此而成功了。

在有统一的领导的情况下,很快就会有统一的集体。

我不再与你们进一步谈关于统一的教师集体的问题了,因为这会使我们离今天讨论的题目太远,但这是在学校中正确地进行教育工作最重要的条件。

我认为第二个重要条件是学校中统一的学生集体。我已在《真理报》上发表文章说,我们没有学校的集体,有的只是班级的集体。学校集体似乎还没建立起来。高年级的学生不认识低年级的学生。即使认识,只是属于这样一种情况:我是十年级的学生,我被派到五年级当少先队辅导员,所以我知道我的五年级班级中在做点什么事情。

同志们,学生集体完全不是这么回事。这不是统一的学校集体。学校依然被分成好几个集体,每个集体都是独自生活。九年级只知道自己班级的事情,可能还知道其他九年级班级的事情,但不会知道更多的了。

我不能想象这样的工作。如果我没有统一的学校集体,我就不会工作。

我无权向你们推荐什么,因为我工作的条件与你们不一样,可能条件要比你们好。我有集体,这个集体不仅在学校中学习,还在学校里生活,在学校的工厂里工作。大家始终在一起。

但是,同志们,我在其他工学团里看到这样的情形,大家在一起生活,一起工作,但是依然没有统一的集体,有的只是个别的集体。远非在所有的工学团里都建立起了统一的集体。因此不可以推托说什么,据说这是个工学团。在学校里也是可以建立起统一的集体的。

在任何情况下,如果现在给我一所学校,我提出的第一项任务就是建立统一的学校集体。为此需要做些什么呢?我相信为了建立统一的学校集体必须有统一的学校利益、统一的学校工作方式、统一的学校自治,最后,还要有这个集体成员的交往和接触。

关于基层集体和全校集体的问题,我们还没有从方法论上进行研究,但我认为这个问题是极其重要的。

在高尔基工学团和捷尔任斯基公社中,我最关心的是我的分队。我设法使这一个分队始终是完整的,使它尽可能久地不分裂,使这个分队必然成为整个公社集体有机的组成部分。

如果解决了这两个问题,也就解决了所有的教育问题。所有这些问题都会容易地摆在自己的位置上。

你们有学校集体和基层集体——班级这样的工具。这些集体彼此很接近,应当处于正常的相互关系中。

当有了这样的集体时,解决与家庭的关系问题也就容易得多了。

当然没有好的纪律是很难想象学校集体的。就拿召开全体大会这样一个纯技术问题来说吧。首先必须很好组织全体大会。

首先需要做什么呢？首先需要精确性。大会定于 8 点 30 分开。8 点 29 分(不是 28 分,也不是 30 分)吹号,准 8 点 30 分召开大会。

一天这样做是很难的,而一个月这样做就容易一些了,进而成年累月这样做,就非常容易了。传统就形成了。起初是每个自觉的人,后来是每个公社社员都看钟:8 点 25 分。为了等一会儿吹号时不用奔跑,他把书收拾好,拿起工具,走进会场。如果吹号时他还在工作,他就必须跑着去,否则开会就要迟到。

这已成了习惯。队长会议秘书看着钟,正好 8 点半时他说"宣布大会开始"。我们一分钟也不白白浪费掉。

规则简单地确定了:用沙漏计时,每人发言不超过一分钟。

"发言吧。"

"好的。"

把沙漏倒过来。沙流下去了。一分钟过去了。在大会上谈一件事只能用一分钟。起初这很困难,但以后就习惯了,结果简直好极了。有些人甚至说得更简短。

这个看上去不大的问题具有巨大的意义。第一,我们可以在大会上谈所有的问题。第二,每个人都习惯了只说必须说的话。

由于有了这样严格的规定,人们习惯了说得很简要,说得不啰唆,不说废话。人人都学得很干练。

有时候问题特别重要,或者有时候提出了特别重要的建议,发言者就会说:

"我不能在一分钟内说完。"

"你需要多少时间?"

"三分钟。"

"太多。"

"那么,两分钟吧。"

"就给你两分钟。"

这样的会议占用我们最多 20 分钟的时间。谁也不迟到,谁也不等谁。

分配时间,这是一个很简单的,甚至似乎不是一个教育学问题。但它具有决定性的意义。应该准时,应该坚持精确性。

精确性,这是第一条法则。精确性保证了可以每天开一次全体大会。而全体大会是对集体的经常性监督,使彼此经常相互了解,经常了解彼此的和基层集体的事情。

我认为在学校中举行这样的会议也是有益的。起初,会觉得枯燥无味。十年级学生会感到无聊。为什么? 因为在会上讨论小孩和中年级学生的行为。但是当这个小孩在大会上出现过一次、两次、三次后,十年级学生就认识他了,也就不由自主地对他感兴趣了。以后很可能在走廊上看到他在淘气时,就会想起来:"你昨天在大会上吃过苦,今天怎么又像疯子似地胡闹!"

小孩子明白了这位大同学参加了会,注意到了他,并且现在还认识他。

这种技术也许看来不合逻辑，但它是在那个实行全体会议制度的集体中自己产生的。

请不要误解我。我赞成在某种程度上的"军事化"。这不是机械地操练，而是节省力量。……

军事化的形式有很多：可以是很吸引孩子们的集体游戏和其他的形式。在这样的军事化的情况下很容易领导集体，也很容易提出和解决一些非一般性的问题。

集体，这是统一的集体的舆论，这是 500 个人的意见，这种意见甚至不是反映在发言中，而是用简单的对话表达出来的。

而最主要的是：一个人说的正是大家所想的。同志们，你们自己也知道，孩子们常常是这样的。他们的观点有着惊人的一致性。

一个人说了，大家都明白了，如果这与大家的意见相反，他就不会这么说。这里存在着一种鉴别力，这就是一种舆论。

这样的集体的影响作用，给了教育者，给了校长很大的力量，这种力量是非常细腻的，几乎觉察不到。

我可以把你们所说的那些最坏的"捣乱鬼"叫来，并对他们说：

"明天我要把问题提交给全体大会。"

"安东·谢妙诺维奇，您可以随便怎样惩罚，只要不把问题提交给全体大会。"

为什么害怕全体大会？因为开会时必须站在屋子中间，并回答来自四面八方的问题。仅此而已。这不算耻辱，而是对集体的责任。

组织和培养对集体的责任心,这是很困难的,但成功了,这将是非常有力的手段。

对集体的责任心可用来解决我们在学校里经常说起的那个最讨厌的、让人头痛的问题,即"不出卖同伴"这样的问题。这是团结一致地与教师作对。这种团结不是苏维埃式的。

如果没有由统一的教师集体建立起的统一的学校集体的社会舆论,是不可能杜绝这种行为的。

如果没有正确的舆论,这种"不出卖同伴"的"英雄主义",任何时候都不会消失。我为这个问题苦恼过很长时间。我也看到过,在一个正确组织起来的有教养的集体中,不用我费力气,不用教师定调子,不需要采用任何特殊的方法,一种传统就怎样成长和巩固起来的。这种传统就是:任何时候都没有人偷偷地到我这里来,并咬着耳朵说"安东·谢妙诺维奇,我告诉您什么什么"。每个人都知道,如果有人这样做,我就会把他推下楼去。

没有任何的耳语。晚上在全体大会上,某个人站起来说"发生了什么么什么"。

任何人都不会因为他在全体大会上提出了某个问题而抱怨自己的同学。

常常是这样说:"某某是我最好的朋友,但我还是要声明抗议他的不好的行为。"

没有一个人会想到要责怪那位直率地、公开地发言的人。但他的行为也没有英雄主义的色彩,他做的是一件普通的事——在全体大会上号召自己同学的责任心。

当集体成为教师的后盾、做着教师没有发现的事情的时候,集体的消极行为也就消失了。

在教育学文献中没有研究一个最重要的问题:怎样的集体形式应该起作用?为什么教育学家们认为形式是没有意义的?

我不同意这种观点。形式具有很大的意义。例如,在我们这里就有这样的形式。如果队长当着其他同学的面对我说有关自己同学的什么事,我可以不相信他,另一个人可能说这不是真的,事情不是这样的,我可以把证人叫来询问、调查,等等。

但是如果在晚上报告的时候,当所有的人都立正站着,我也立正站着的时候,当大家彼此敬礼的时候,这个队长也是说同样的这件事,我就不检查他的话,我相信他。

这就是我们的法则:不检查报告。孩子们说,在报告的时候队长是不能说假话的。

这是一个庄严的环境。你在做报告。只有最无耻的恶棍、坏蛋才会说谎。

我们是这样对待这件事的:宁可让我们这里有这样的恶棍,也得冒险和不检查报告。如果有这样的恶棍,以后他自己会暴露的。

下面一条法则,不知为什么没被学校采用。

在我们这里,每个公社社员,只要在集体中生活一段时间,成为了这个集体真正的成员,他就可以获得捷尔任斯基证章,并从他获得这枚证章时起就必须相信他的话,当然说的话必须是关于他个人的。如果他说了"我没在那里",检查他的话就是不成体统的。信任,这是头等重要的权利。

确实也会出现信任被辜负、被欺骗了的情况。这时我们就会掀起一场真正的风暴。同学们要求把破坏了信任的人从公社开除出去。这种罪行被认为比小偷、旷工更严重、更厉害。相信了你的话,所以你就不可以说谎。这是法规。

同志们,这也是一种定调子。这种形式的定调子,在你们的学校中,你们也可以想出许许多多。

但是,只有当所有这些形式都是为了在集体中形成统一的舆论、统一的制度、统一的传统的时候,它们才会有效。那时学校的集体绝对是强有力的手段。

这样关于家庭的问题也就清楚了。我不能想象,怎么会没有这样的集体,怎么会创造不出这样的集体。

例如,就拿大孩子与小孩子、十年级学生与一年级学生的关系问题来说吧。应该做到这样:让8、9、10岁的男孩子,望着大孩子,望着十年级的学生,就像望着自己的朝思暮想的未来,让他爱大孩子,深深地爱他,让他在大孩子身上看到更高尚的东西,让大孩子成为他的榜样。

只要你们想组织起统一的学校集体,年幼的与年长的学生的友谊,就是一个不可回避的主题。

为了组织起这样的友谊，还是需要采用一些专门的领导方法的。现在我不打算谈这种方法，因为这会使我们离题太远。我只想说说在最近的八年中我是怎样得到这种友谊的。

每一个年长的学生都有一个所谓的小根。这也许是流浪儿的术语，但这个术语已经在我们这里扎下了根。它成了我们这里的正式术语。每个人都在另一个班中、另一个车间、另一个分队有自己的小根，并且他们总是在一起。这是不分离的一对，这是小弟弟和大哥哥，而且大哥哥总是紧紧地牵着小弟弟的手。

如果弟弟淘气惹事，如果他面对着全体大会，那么必然会响起这样的声音："他是谁的小根？""沃洛佳·科济里的小根。""让沃洛佳·科济里来解释一下。"

沃洛佳·科济里，共青团员，十年级学生，17岁的小伙子，他站了起来并说："我疏忽了，我来纠正他，请不要惩罚他。"

"好吧，你辅导他。"

大小同学的这种友谊，在集体中建立起了一种惊人的关系，赋予这种关系只有家庭中才有的那种魅力，是兄弟关系的魅力。

小根们始终跟着自己的同伴。十个年幼的孩子，在他们周围就有同样数量的大孩子。

同志们，应当指出，这些大孩子是很会爱这些小伙伴的。

在我们的学校中，大小孩子之间的关系，年长的少先队辅导员与年幼的孩子之间的关系，常常带有官方的色彩，很不自然。我做成了很多事。拿我们去远足的事做例子吧。应该说我和我的孩子们完成了八次夏季远足。在远足时大家都是按小队、中队、年龄行进。第14小队离第1小队很远。那里是最小的孩子。他们有一个队长。

到了宿营地。分配帐篷,没有一次大孩子们不是这样说:"安东·谢妙诺维奇,第1小队占了帐篷,小根们怎么办呢,让他们单独吗?我们想跟他在一起。"

我们允许这样的事情:最后三个小队,也就是最小的孩子们,没有单独的帐篷:辅导员在哪里,哪里就有小根们。他们一起游泳,一起划船,一起看电影,一起玩。有时候大孩子为他们朗读些什么。

大孩子们并不进行任何的学校教育工作。但他们有真正的友爱,有对待小孩子真正的兄长的态度。这种兄弟情谊将终身保持。后来大孩子们去莫斯科上大学了,他们仍没忘记自己的小根,与他们通信。

如果大孩子从学校放假回来,小根就会跑出3公里去迎接他。

没有这样的领导技术就不可能有集体。同志们,你们是否发现这里散发出家庭的气息?如果在学校中有这种很容易组织起来的友谊,利用这种友谊就可以做到很多事情。这样的友谊不是靠好教师的力量创造的,而是要靠好的教师集体和好的领导者的力量来创造。

同志们,这样的友谊是很容易组织的,关于这一点是值得考虑的。当有了学校集体、教师集体和儿童集体时,一切教育问题就变得很自然。那时候学校的旗帜将高高飘扬,就出现了集体荣誉的问题。

关于集体荣誉的问题,在我们这里直到现在仍然是要么很少提出,要么就是正式地提出来,在某次会议上,在发表庄严的声明时才提出来,从来不在日常生活中提出来。

为了组织这样的集体荣誉,也需要定调子,这是很重要的。

我将谈一些细节。

首先讲一讲旗帜。我们在办公室里挂了一面旗帜。天鹅绒的华盖,在它下面是旗帜。如果需要把这面旗帜从一间屋子移到另一间屋子,譬如说在维修屋子的时候,我们是很庄严地做这件事的。所有的人都穿上新衣服。所有 600 个人都站好队。60 个人的乐队走了出来。队伍排齐了。小队队长站在前面。然后发出口令:"立正!"于是庄严地把放在套子里的旗帜从一间屋子移到另一间屋子。

我们不允许不举行仪式就搬移旗帜。当我们进城、远足或郊游时,我们都举着旗帜。举不举旗帜的情形是完全不一样的,举着旗帜走起路来的感觉好像不一样。

旗帜仅仅是细节之一。但是仅仅借助于一面旗帜就能做那么多好的、有益的事情,并把一切都装饰得如此庄严。

例如,挑选旗手。我们认为旗手是集体中最可尊敬的人。对他不可以惩罚,不可以训斥。他是不可侵犯的。他在所有方面都是其他人的榜样。

我们是怎样挑选旗手的呢? 选择一个举旗帜的人似乎是件小事。但我们挑选了集体中最优秀的人。旗手,这是最得人心的同志,是最优秀的学生,是最优秀的斯达汉诺夫工作者。

旗帜成了推动人进步的理由。

同志们,所有这一切都是把集体团结成统一的整体的根据。这样的根据很多。我不打算谈所有这些根据。我只提一个,它已被大家忘了,但将来什么时候一定会恢复的,这就是劳动。

我常常遇到不同年级的学生,他们都抱怨说没时间学习功课。

我总是对他们说:"而我们的公社社员们怎么能胜任呢?他们和你们这里一样也有十年级学生。他们也要进大学,而且对他们来说劳动是必要的、必不可少的条件。"

他们除了学习之外,每天还要在工厂工作四个小时。这可不是开玩笑,而是真正的工厂的工作,它是有定额的,而且要采用斯达汉诺夫工作方法,要两三倍地完成定额,有一定的不合格品率,要对产品的损坏承担很大责任,等等。他们制造了"莱卡"牌的ФЭД照相机。照相机的精度达到百万分之一米。这可不能开玩笑。

此外,他们还要打扫整座大楼,每天擦洗地板、玻璃,抹去灰尘,收拾所有的房间,不仅仅是寝室,还要收拾走廊和办公室。每天还有全体动员的紧急工作。早晨一听到汽笛声,所有600个人就要开始打扫。每个人都有自己一定的保洁地块。打扫卫生规定用20分钟。随后还有自治机构的活动、晚上的全体大会、共青团工作、少先队工作、运动队的工作、兴趣小组的工作。

我们很重视运动队的工作。我们对它很认真。如果你在第一队,你就应该成为伏罗希洛夫射手。[4]如果你得不到伏罗希洛夫射手证章,你就得转到第二队去。在那里你的个子比所有的人都高，你会感到不好意思的。

在第二队中，大家都应获得劳动与卫国证章。如果得不到这种证章，就转到第三队去。射击训练是必须进行的，跳伞训练也是必须进行的。他们都将成长为健康的姑娘和小伙子。

所有这一切都需要时间，但孩子们还是什么都来得及完成，什么都做了，还能找到时间休息。

我认为，在我们的学校中也可以安排劳动。体育运动也是必须安排的。

劳动对孩子们是有益的和必要的。马克思说过，儿童从 9 岁起就可以参加生产劳动。

我不明白什么是 10 岁的儿童。你 10 岁了，你是苏维埃共和国的公民，可以对你提出相应的要求。

如果我有一所学校，我会把它分成几部分，并开始做点什么。

我记得我们是怎样组织捷尔任斯基公社的工作的。有一次，有个人来找我，问："想纺线吗？"

"什么线？"

"普通的。"

"好吧。什么样的机器呢？"

"安装木制的纺线机吧。"

"到哪里去弄啊？"

"会有的。"

"钱怎么办呢?"

"可以贷款。"

"原料怎么办?"

"放心吧,会有的。"

"好吧,那就干吧。"

当然我对上级什么也没说。如果我告诉了督学,他会大发雷霆的:"为什么纺线,什么样的线,这是什么生产财务计划? 等等,等等。"

我们在地下室安装了机器。我对孩子们说:"我们将挣钱,让我们好好工作吧,让我们纺出好线来。"

我们纺了半年线。后来我们被禁止了,但我们确实自立了。

没有钱,但我们建了温室。[5]建设温室很简单,获利却很大。

当集体中做着所有这一切的时候,当每个人都关心这些工作的时候,每个人都知道今天做了多少,买了多少和卖了多少;当集体开始像主人一样,后来又像生产者一样(因为集体有了生产计划,出现了技术监督部门,有了检验员、车间调度员)生活的时候,那时集体就为自己赢得了公民的权利。当这样好地组织起了集体时,就可以向它提出最困难的要求:善于坦率地、直截了当地、同志式地、面对面地彼此提出要求。就得这样做,不能有任何另外的做法。

如果不这样做,那是为了什么? 为什么做得不对? 必须向人提出更多的要求。这是必要的教育原理,不遵循这个原理就不能教育人。

如果对一个人要求得不多,那么从他那里也得不到很多。

有人错误地认为,借助于你们的教育观点的某种化学影响,可以自动地"无中生有"。

只有当您不仅自己在教育上有些构想,而且真正地提出了要求,许多东西才能够发展起来。不团结的、缺乏组织性的教师集体,就不可能做到这一点。如果没有统一的学校集体,也就不能组织教师集体。当有了学校集体时,就可以提出很多的要求。

最后,最后一点——当孩子们不是情绪压抑地,而是庄重地迎接要求时,您要求得越多,他们就越高兴,因为这说明了您相信他们的力量。

如果能遵从所有这些要求,那么我敢说,这样的集体可以创造出奇迹。

在我们的苏维埃国家中,为容易地、漂亮地、愉快地培养出色的集体,因而也是培养出色的人才,提供了极大的可能性。

应该指出,教师常常害怕提出要求。他们害怕冒险。任何事情都是有风险的,不冒险什么事情也做不成。

关于教育上的冒险再说两句。10月间,我在列宁格勒的一次会议上讲了教育上的冒险。有人对我说:"您说什么冒险啊,我有个十年级的学生,因为分数太低竟然去上吊。而您还要说去冒险。如果我们提很多要求,还去冒险,那么一切都要重新衡量。"

你们知道我是怎么回答他的吗?

给一个坏分数,这根本不是冒险行为。这里有什么风险?一般说来,我们完成了多少这样没有风险的行为。学生回答不出我的提问,我给他打一个"差"。这里有什么风险?他骑到我的脖子上来了,我小心地把他拉下来,并说"孩子,不要坐在老师的脖子上"。这里没有任何的风险。他朝我的脸吐唾沫,而我向他道歉。这里又有什么冒险的呢?要知道不是我吐他唾沫,而是他吐我;而我还向他道了歉。

所有这些都不是冒险行为。一件不是,另一件也不是,第三件,第十件,第二十件,都不是,但竟然造成了普遍不敢冒险的气氛,造成许多人可能想去上吊的气氛。这是没有出路的灰色的苦恼:谁也不要求什么,谁都不想什么,每个人只操心别发生什么事,别让孩子记恨自己。

这样的气氛导致很坏的情绪和很坏的结果。

如果你们直截了当地、同志式地、坦率地提出要求,那么永远不要担心这个人会要去上吊。因为他知道,您是像对待人那样地对待他。

这样的严格要求能使集体更团结,更能把教师和学生团结在一起。同志们,如何解决教师的威信问题呢?有些教师常说:"您破坏了我的威信,您当着学生的面向我提意见,您在教训我。"

请问,威信是建立在什么基础上的?难道建立在您不受惩罚上吗?难道建立在您永远不会出错的信念上吗?

我是这样提出问题的:教师的威信首先建立在责任心上。教师应该不害怕对自己的学生说:"人们对我提出要求,我要负责任,我有错,我要对自己的错误负责。你们明白我要负什么责任吗?"

"明白。"

"对我有要求,所以我也要求你们。"

如果校长训斥教师,这不是什么耻辱。即使教师认为他没有全错,但既然校长训斥他,他就应该利用这种训斥来提高自己的威信。他应该说:"是,我错了。我接受处分,因为我要对自己的工作负责。也请你们对你们的工作负责。我是这样要求你们的。"

我这里曾有个人,名叫伊凡·彼得罗维奇·戈罗季奇。这还是在高尔基工学团的时候,他在远足时有件什么事没做好。他是团里的值日。我很生气,问他:"谁值日?禁闭5小时!"

"是,5小时禁闭。"

我听到了是教师伊凡·彼得罗维奇的声音。我甚至觉得身上有点发冷。他解下了腰带,把它交给了值日的,来到了我的办公室:"我来坐禁闭。"

我起初想对他说"算了吧",但后来想"得了,还是坐吧"。他坐了5个小时的禁闭。孩子们到办公室来偷看:伊凡·彼得罗维奇在坐禁闭。

当禁闭结束时他走到街上。我在想,会发生什么呢。我听到了哈哈大笑声。孩子们把他抬起来欢呼。

"为了什么?"

"就为坐了禁闭,并且不争辩。"

而其他人在他的位置上一开始就会说:"怎么可以这样,我,教师,怎么可以关禁闭。无论如何不行,我的威信会扫地的。"

同志们,威信需要自己去建立,为此可以利用生活中的一切机会。

在好的集体中威信是破坏不了的。集体本身会支持威信。现在谈谈最主要的,谈谈家庭。家庭有好的,也有差的。不可以担保家庭能把教育工作做得很好。我们不能说家庭能像所想的那样进行教育工作。我们应该组织家庭教育,学校作为国家教育的代表应该是组织的基础。学校应该指导家庭。

有人问怎样指导?把家长叫来并对他说"采取措施吧",这不是指导。

把家长叫来,两手一摊说:"唉,您怎么有这么糟糕的孩子啊。"这样也是不行的。

至于帮助,如何帮助呢?就像总是可以教会教师那样,那些糟糕的家长也是可能教会的,糟糕的家长就是不善于教育孩子的家长。

同志们,顺便说一句,与教师一样,许多家长也不善于与孩子谈话。必须正确地运用嗓子。遗憾的是,在师范学校和高等师范学校中都没有进行这方面的训练。如果是我,我就要让每所师范学校和高等师范学校中都有善于正确运用嗓子的好专家。

我试过进行这样的练习:你们,大学生们,把我当大学生那样审问。假设我偷了某个人10卢布。你们将怎样审问我呢?请注意,你们将审问我,而其余的人将听着,然后他们将评论你们对我的审问对不对。

同志们,你们发现了吗?不会正确地运用嗓子就不能正确地发问。我起初想,这是怎么回事呢?原来,这是必须的,是很重要的。

我起初也不能很好地运用嗓子。我想,问题出在哪里呢?我请教了有经验的演员。

"应该练习发声。"

"为什么要练习发声？我又不去唱歌。"

"不是唱歌，而是说话。"

我跟着他练习了一段时间，懂得了正确运用嗓子是多么伟大的事情。用什么语调说话是很重要的。一句简单的句子"你可以走了"，但这么简单的句子，就这么几个词，却可以用50种方式来说。而且在每种方式中您都可以注入一种语气，这种语气可以成为一滴毒液，可以让需要的人感觉到这一点。

这是很复杂的事情。如果您不会运用嗓子，您自然会感到很困难。没人妨碍领导人去正确运用嗓子。

家长们经常说："万涅奇克，自己把床铺收拾一下。"（笑声）

请说说，难道发出这样的命令之后，一个大活人就会自己去收拾床铺吗，如果他自己不愿意这样做的话？（笑声）有些家长和教师喜欢这样做，让自己的嗓音反映出自己的情绪来。这是不应该的。您的情绪可以随便怎样，但您的嗓音应该是真实的、好的、坚定的。

情绪与您的嗓音没有任何关系。为什么您要知道我现在的情绪如何？很可能我现在很愤怒，也可能我现在非常高兴。但现在我必须这样说话，为的是让大家都来听我说话。每位家长，每位教师，在与孩子谈话之前应该稍微督促一下自己，使所有的情绪消失。这并不很困难。

我们在森林里度过了三年，周围尽是匪徒，在这之后会有什么样的情绪呢？我可以不控制自己的情绪吗？我已习惯了控制自己的情绪并深信这是很容易的。要使您的面部表情、您的眼睛、您的嗓音，在某些场合能控制自如。您在精神上可能心乱如麻，有着各种各样的烦心事，但从外表上看一切都很正常，衣冠楚楚。教师应该有一张"气派的脸"。家长最好也有这样"气派的脸"。

假设您收到了一封不愉快的信，这封信甚至可能来自您心爱的人。难道由于这封不愉快的信您就可以把教育工作放弃一个月吗？由于这个可能毫无价值的某个心爱的人放弃教育工作吗？也许她写了这封信还是件好事。

正确运用嗓子、面部表情，善于站和坐——对于教师来说所有这些都是很重要的。任何一件小事都具有很大的意义，可以把这样的小事教给家长们。

不久前，有位家长到我这里来说："我是共产党员，工人。我有个儿子，他不听话。我对他说，可是他不听。我再说一次，他还是不听。第三次说，他仍然不听。我拿他怎么办呢?"

我让这位来找我的家长坐下，开始与他谈话。

"请学给我看看，您是怎样与您的儿子说话的。"

"就这样说的。"

"试试，这么说。"

"不行。"

"再试试。"

我与他一起练习了半个小时。他学会了发布命令。问题就在于噪音。

如果学校成为统一的完整的集体，知道自己对学生的要求是什么，并坚定地提出这些要求，只有这时学校才可能帮助家长。

这是帮助家长的方法之一。此外，还有其他一些方法。必须研究家庭生活，必须研究不良性格形成的原因。我在这里不一一列举帮助家庭的方法。

在我的公社里有值日队长。这是很困难的职责。值日队长整天管理着公社。他安排一天的日程，包括工厂的、学校的和公社的日程。他领导所有的人，也要对一切负责。

我们有这样的规定：所有的人都必须服从值日队长。谁也无权反对值日队长。孩子们一般都互相叫名字，但称呼值日队长必须叫：队长同志。

所有的公社社员都严格地执行这一规定。如果值日队长把同一个命令重复了两遍，晚上在全体大会上就要讨论这个问题了。

"今天沃洛佳·巴夫连科值日，请他解释一下，为什么一个命令要发布两次。为什么你允许自己重复发布命令？要知道您这是在破坏值日队长的威信。"

有明确的规定：值日队长只发布一次命令。值日队长，一个14岁的少年，对一个18岁的共青团员说："把后勤主任叫来。"

说完话就转过身走了。接受命令的那一个人在他的背后回答他：

"是,把后勤主任叫来。"

每个人都知道,如果命令发布一次,就必须执行这个命令。

我有点离题了……我曾经见过一位母亲。她抱怨所有的学校都把她的儿子赶了出来。男孩先在某所学校,后来进了为残疾儿童办的学校,以后又去了有特殊制度的学校,再以后又去了林间学校、疗养院、精神病医院、内务人民委员部工学团。走到哪儿他就从哪儿跑掉。

"我,"她说,"把他衣服脱了,把衣服藏了起来。他现在就穿着一件衬衣呆在家里,我哪里也不放他去。我该拿他怎么办呢? 我想让他到我们厂里当学徒。他 14 岁。"

我开始询问:

"您的住宅里干净吗?"

"不,特别是……乱糟糟的。"

"儿子干点什么吗?"

"不,什么也不干。"

"自己的床铺收拾吗?"

"不,不收拾。"

"你和他一起去城外玩玩吗?"

"不。"

"去看过马戏吗?"

"从来没有。"

"去看过电影吗?"

195

"从来没有。"

"给他什么礼物吗?"

"他不配。"

"那么您希望他怎样呢?"

"可能把他打发到在伊斯特拉市的他的叔叔那里去,行吗?"

这时我忍不住了。"饶了他吧,不幸的孩子。您把他的神经都弄坏了。即使神经健康的人也不能忍受在五年的时间里换了十个集体。"

他一个集体都不可能习惯。今天他在一个集体,明天在另一个,然后在第三个、第四个,这个人开始在集体之间跑来跑去,他就会成为很坏的一类个人主义者。这个问题是很有趣的,教师必须研究这个问题。

另一个问题——家中的混乱。我跟一个孩子回家。家里杂乱得可怕,简直是毫无秩序。有三间房。一半的家具是坏的。窗外躺着1930年以来的苍蝇。周围是厚厚的灰尘。

在这样的灰尘中,在这堆谁也分辨不清、谁也不收拾、谁也不关心的东西中间,能进行什么样的教育过程啊。

如果住宅里很清洁,没有多余的东西,如果您保持秩序,您的孩子就不可能很差。让孩子从小就习惯于外部的整洁,这能促使他向自己提出更多的要求。

遗憾的是,在我去过的家庭中,我很少看到这样的外部秩序。如果您没有能力在您的住宅里安排十来件没有生命的东西,那么您怎么能教育儿童,一个活生生的人,一个苏维埃的公民?

如果您聘请家庭教师或者把孩子长久地托付给人家,那么您在教育活生生的人方面就没事可做了。必须自己学会安排东西,并教孩子学会这样做,这样孩子就会很快地成为集体的成员。学校应该教那些不知道做些什么的家长学会这一切。

　　下一个问题。我提出这样一个论点,就是真正的家庭应该是一个好的经济集体。孩子从小就应该是这个经济集体的一员。他应该知道家里的财产是从哪里来的,要买些什么,为什么需要买这些东西,而哪一些为什么不可以买,等等。

　　应该尽可能早,从5岁起就吸引孩子参与经济集体的生活。孩子应该对自己集体的经济负责。当然不是在形式上负责,而是要对自己和家庭生活的舒适负责。如果搞不好经济,他的生活也将很糟。应该研究这个问题。

　　最后,同志们,最后一个问题可能是最困难的,这是关于幸福的问题。

　　人们通常说:我——母亲和我——父亲,把一切都给了孩子,为他牺牲了一切,包括个人的幸福。

　　这是家长所能给予自己的孩子最可怕的礼物。关于这种可怕的礼物,可以这样说,如果您想毒死您的孩子,给他大剂量地喝您自己的幸福吧,他就会被毒死。

　　你们知道某些女孩对妈妈说话的样子:"你已活够了,而我还什么也没见过呢。"

这是对一位才30岁的母亲说的话。

"你活够了,我还没呢,所以一切都应该给我,什么也不给你。"

女儿应该这样想:"我的整个生活还在前面呢,而你,妈妈,留下的时间不多了。"

所以在我的四卷本《父母必读》中,我直截了当地写道:"新裙子首先给妈妈。"

如果您培养孩子去追求为父母带来幸福,孩子就不再感到委屈。让孩子首先考虑父母的幸福吧,而家长想些什么,这与孩子无关。我们是成人,我们知道我们在想些什么。

如果您有多余的钱,您在想给谁买裙子,给母亲还是女儿,我就要说,只给母亲买。

在孩子的眼中,父亲和母亲应首先有权享受幸福。培养母亲幸福的消费者,无论对母亲、对女儿,还是对国家,都是没有任何意义的。最可怕的事情就是,用母亲或父亲的幸福来培养孩子。

在我们公社里,我们花了20万卢布去远足,花了4万卢布去看戏。我们对此是不吝啬的。我们舍得花钱。但当缝制衣服时,我们有这样的规矩:小孩子捡大孩子的衣服穿。他们也知道,不会给他们做新衣服的。小孩子只能指望得到改制的衣服。我们当然可以等到大孩子把自己的衣服彻底穿破,然后把这些衣服扔掉。但我们没有这样做。大孩子穿了不长的时间,然后把衣服改给小孩子穿。

您给十七八岁的女孩穿什么,如果在她们14岁时您就用绫罗绸缎打扮她们。这会怎么样呢？这个女孩会产生怎样的欲望？以后她就开始有这样的推理：我只有一条裙子，而你，妈妈，有三条。

必须教育孩子关心父母，培养孩子产生一种纯朴的自然的愿望，让他们在父亲或母亲的愿望没得到满足之前，自愿放弃自己的欲望。

我有个成年的儿子，他大学毕业了，是个工程师，是个很帅的年轻人。我们的钱财是共同的，我一直没有一件大衣。有人会这样议论：你，老头子，要大衣有什么用。你现在就很好了。儿子更需要大衣。他是个漂亮的年轻人，他要与姑娘去散步，他必须要一件大衣。

我坚持。他也坚持。

"还是你给自己做件大衣吧？"

"不，在你没做之前我也不做。"

他真的至今没给自己做大衣，直到我有了大衣。他穿着一件旧的短上衣。当有了钱时我给自己做了件大衣，而他再等一等吧，虽然他很帅。重要的是他关心我。而姑娘们会爱上这样穿着俭朴的短上衣的人。

同志们，我的话就到此结束吧。

可能有问题吧？

问：捷尔任斯基公社现在还存在吗？谁在领导它？您与这个公社现在还有联系吗？

答：捷尔任斯基公社在我走后还存在了两年，后来撤销了。为什么呢？因为大孩子们进了高等学校，公社所建的工厂移交给了有关部门。

所有的社员都光荣地毕业了。

我保持着与我的社员们的联系。

……应该说，这种联系开始让我感到苦恼。他们毕竟人很多。他们本人我还记得，但我记不住谁和谁结了婚，谁有几个孩子。要知道在信里总是要写到这些的。

同志们，你们知道，我一天收到的信要花六天时间才能写完回信。这让我很为难。我真的不是在抱怨，要知道，他们除我之外没有其他任何亲人。他们去找谁呢？但是，大量的通信有时让我感到负担很重。

譬如，某个我过去的学生到莫斯科来。他一下火车就直接来找我。有时候住上整整一个月。他坦诚地声明："安东·谢妙诺维奇，我到您这里来住一个月！"我吓呆了。我可怜我的妻子，她不能再当这个旅客川流不息的旅店的主人了。我并不是心疼我的客人们吃掉了那么多的东西，问题不在于这里，问题在于太劳累了。

"好吧，来了，就留下吧。加利娅，来客人了。"

"谁？"

"是维奇卡·波格丹诺维奇。"

"你好，维佳。"

过了两天就开始这样的谈话了：

"我还是去旅馆吧。"

"为什么去旅馆，就住在这里。"

过了三天又是这样的谈话：

"我打算去列宁格勒看看。"

"干嘛去那里，还是住在这里好。"当他要走时是这样的依依惜别："还是到莫斯科来吧，在这里工作，住在我这里。"

他们中大多数人都是很优秀的。虽然保持联系负担是很重的，但对我来说，这是巨大的、真正的、快乐的源泉。与某些人确实也失去了联系。

当授予我勋章时，我收到了来自符兰格尔岛的贺电。署名是"米季卡·热维里"。你们可以从我的《教育诗》中知道他。

今天我收到一封信，也是贺信。署名是"工程师，勋章获得者奥里先科（古德）"。

卡拉巴诺夫，工学团的首长。一个非常出色的人。我对自己说，我是个能手，不是天才，而卡拉巴诺夫，首先是个天才。他实际上什么奇迹都能创造。如果光说这些话，也许没人会相信。

告诉你们一件事。1937年我领导了乌克兰所有的工学团。

从列宁格勒召来了卡拉巴诺夫。"去新的工学团，你到那里去工作。""好的。"

我给了他一个旧农场，离文尼察5公里，在公路附近有一些临时性的木房。那里什么也没有。我认定：卡拉巴诺夫是个能干的人，我给他"最好的孩子"。我从整个乌克兰收集。我收集到了真正的"甲虫"，他们张口就骂人。十四五岁的小伙子，口袋里装着万能钥匙和伏特加酒。

我让他们在收容所里留了一个月。收容所有高高的篱笆围着，设了岗哨。

这些哨兵是不幸的人，虽然他们有刺刀和枪。孩子们挖苦他们，往他们脸上吐唾沫，拿起什么就扔什么。拿他们怎么办呢？总不能枪毙他们呀。我得到消息，卡拉巴诺夫正在准备一切去接收这些孩子。

最后我收到了卡拉巴诺夫的电报："可以送他们来了。"我把他们放进安着栅栏的囚车中，安排了押送队就出发了。

晚上他们到了文尼察。卡拉巴诺夫派了两辆卡车到车站。他们面带相应的表情坐进了卡车里。卧具已准备好了。他们吃饱了就去睡觉。反正据说明天会到文尼察。晚上看不见往哪里开。早晨醒来时，周围一片草原，空空的，只有一些木房子。

卡拉巴诺夫到村里来了。孩子们声明：不在这里住，走，弟兄们，上车站。他们去文尼察了。

在他们周围有几个肃反工作者。他们劝这些孩子：你们去哪里，亲爱的孩子们？留下吧。孩子们以相应的方式回答了他们，一帮人步行走了。肃反工作者坐着车跟在他们后面，继续劝说他们。

卡拉巴诺夫跑来了："小伙子们去哪里了？"

他抓到了一匹没马鞍的马，骑上马就去追他们了。他看到了孩子们正在路上走。

他从马上跳下来。滑了一下，摔倒了，躺在地上。那些人走到他面前说："怎么啦？"

他试着站起来，呻吟着，然后说："背我到工学团去吧。"他们就背着他去工学团。他们成群结队地走着，背着他。小心地把他放下来，而他说："你们把我扶起来。"把他扶了起来，而他说："谢谢，我们到了。我不想步行。"

孩子们真的发愣了。他发现了一个翘鼻子的孩子，就说："你怎么这样好看？"

孩子们更兴奋地跑来了。卡拉巴诺夫说："好吧，去文尼察。""好吧，走吧。""还是先吃早饭吧，然后再走。""得，干嘛不吃早饭。"

吃完了早饭，就留在了那里。过了三个月，我去他那里检查，看望他们。纪律很好。所有的人都很有礼貌、可亲，都在读《教育诗》。

我没去问谢苗，他是怎么做的。我问了孩子们："说说吧，你们的主要成绩是什么。""我们的主要成绩是谢苗·阿法纳西耶夫。"（笑声）

这就是真正的天才。不是能手，而正是天才，最困难的、最有害的人都服从他。他把他们改造成好人。我们把最困难的人给了他，他在这些人身上创造了真正的奇迹。

现在他给我来了封信，信中说，给我任何一个工学团吧，我在这里已经厌烦了，这里已经太顺利了，给我任何一个让所有的人都感到不安的工学团吧。（笑声）

问:关于体罚您是怎么认为的？允许体罚吗？

答:很遗憾，不知为什么人们把我当作这个问题的专家。他们的根据是我有一次打了扎多罗夫。你们可能记得这是《教育诗》中发生的一件事。

许多人说："瞧，您打了扎多罗夫，一切就都变好了。"这就是说，体罚还是有必要的。

这个问题是有争议的。有时候打人，甚至打一个成年人，可能是有益的。有的人就该打他的嘴巴。但是任何人都不能事先就说，这有益还是无益。

我是反对体罚的。过去我也是反对者。我打了扎多罗夫，不是因为我的教育智慧使这成为一种好的方法。并不是因为这是一种好方法而使一切这样顺利地结束了，而是因为扎多罗夫是一个高尚的人。我打了扎多罗夫，而他向我伸出了手，并说一切都将很好。很少有人能够这样做。

如果沃罗霍夫在他的位置上，他会杀了我，但扎多罗夫是一个非常高尚的人。现在他是古比雪夫电站建设工地的总工程师之一，他是我的真正的朋友。每当他到我这里来时，都成了我家的家庭喜庆日。

这一个事例什么也说明不了。可能是教师偶然遇上了这样一个高尚的人：教师打了他，而他却去握教师的手。什么都是有可能的，但这什么也证明不了。一般来说，我是不允许采用体罚的方法的，尤其在家庭里更不允许。

在工学团中还可以气势汹汹，在那里可以有某些辩解的理由，在那里我一个人站在几百人面前。而在家里怎么可以气势汹汹呢，在家里一共只有父亲、母亲和两三个不幸的孩子，更何况他们不是匪徒，也不是流浪儿。我没有看到过有任何一个家庭因施行体罚而得到好处的。

我确实不是说像妈妈用手拍打一顿两三岁的小孩这样的情况。小孩甚至什么也不明白。与其说母亲在惩罚他，不如说母亲在发火。而打十二三岁的男孩，这就是承认自己在他面前无能为力。这就意味着与他之间的好关系，从此永远破裂了。

在捷尔任斯基公社，孩子们从来不打架。我还记得这样一件事。我们坐船从巴统回克里木。我们把整个甲板都占满了。人们很喜欢我们，我们穿得很好，我们有一个出色的乐队，我们在那里举办了音乐会。旅客和船员都很喜欢我们。可是有一天早晨吃早饭的时候，那时快到雅尔塔了，一个年长的公社社员用一个罐头盒砸自己的一个年龄较小的同学的头。这种事在我们那里是从未有过的。我惊呆了，怎么办？我听见吹集合号了。

"为什么吹集合号？"

"值日队长命令的。"

"为什么？"

"反正您也会命令大家集合的。"

好了。大家集合起来了。有人建议，到了雅尔塔，就与他永远分手。

我看着大家，没有人反对。

我说："你们是怎么啦，是开玩笑还是认真的？难道这可能吗？是的，他打了人，他确实有错，但不可以把他从公社中抛弃。"

"有什么好说的，表决吧。"

"等一等，"我说。

那时主席便说："有人提议不让安东·谢妙诺维奇发言。"

他们不让我说话，你们是怎么想的。我对他们说："我们在旅行，我是队长，我可以让参加全体大会的所有人坐5个小时禁闭，我与你们说话的地方不是公社，你们怎么可以不让我发言？"

"好吧，请说吧。"

然而没什么可说的。大家就表决。谁赞成这个提议？所有的人一致赞成。于是又提出了另一个提议：谁去送他，让他不再回来。

旅客和船员代表来了。他们请求原谅这个男孩。

"不，我们知道我们在做些什么。"

在雅尔塔没有一个人下船。大家曾经焦急地盼望着雅尔塔，想看看这座城市，玩儿一玩儿，而这时没有一个人下船。值日队长冷冷地对他说："走吧。"

他走了。

我们到了哈尔科夫。而他在广场上迎接我们。我们在卸行李，他在这里来回地转悠。值日队长对他说："离开广场。你在这里我们就不卸行李。"

他走了。过了三天，他到公社来找我。大门旁有站岗的，站岗的说："我不放你进去。"

"你不是允许所有的人都进去的吗？"

"放所有的人都进去，就不放你进去。"

"那么,把安东·谢妙诺维奇请来。"

"我不去请。"

终于还是把我叫来了。

"你想要什么?"

"请求召开全体大会。"

"好的。"

他在我那里一直坐到晚上。晚上召开了全体大会,我请大家说话。大家瞪着眼不说话。我问谁想发言?没人说话。你们大家说些什么吧,大家笑笑。我想他们大概想把他留下了。我请求表决。主席组织表决:"谁赞成安东·谢妙诺维奇的提议,请举手。"没有人举手。"谁反对?"所有的人都举起了手。

第二天,他又来了。"不可以这样残酷地惩罚我。请召开全体大会,我希望给我一个解释。"

晚上召开了全体大会。

"他要求解释。"

"好吧,阿列克谢耶夫,你说。"

阿列克谢耶夫走了出来,开始说:"你在轮船上,当着全苏联的面,因为在轮船上有各个省市的代表,当着船员的面,为了某件小事打了同学的脑袋。这是不能原谅的,我们永远也不能原谅你。我们毕业之后新来的孩子们也不会原谅你。"

他走了。很多老社员已从公社毕业,来了很多新生。新生常常说:

"应该像对待兹维亚金茨那样。"他们没有亲眼看到过兹维亚金茨，但知道他。

同志们，看到了吗，公社社员是怎样对待打人的事。以教育家的心灵我责备他们如此残酷，但以人性的心灵我不责备他们。

这当然是残酷的，但是不得已的残酷。当然在集体中是不允许打架的。我个人是体罚的坚决反对者。

问：你们公社中有十七八岁的男女青年。他们的相互关系怎样？

答：这个问题很难回答。说起来要花很多时间。我的书里谈到了这个问题。我还是简短地说一说吧。当然不能禁止恋爱，但是也不允许在18岁时就恋爱结婚。这样的婚姻不会有任何幸福。集体的团结一致和对我的信任，在我们这里发挥了很大的作用。我可以把姑娘们召集起来，给她们讲讲关于姑娘的行为。然后把小伙子们召集起来。而对他们我与其说是进行教导，不如说是直截了当地向他们提出要求：首先要如何如何地负责，行为要如何如何。

共青团组织、党组织、少先队组织都支持我。全体大会也支持我。

正因为此，这个问题在我们这里解决得很顺利，没有发生任何的悲剧。譬如，我们知道克拉夫琴科爱多尼娅，而多尼娅也爱克拉夫琴科。他们总是在一起进出，一起散步，但没有因此而出现任何不好的事。他们在公社一直生活到毕业，然后两个人都进了高等学校，三年后结婚了。他们到公社来，在队长会议上宣布：我们结婚了。队长们为他们鼓掌，经过了五年的恋爱，该结婚了。

问：您是从哪里得到学前儿童心理知识的？

答：我没有自己的孩子，但有养子。在公社中我们有为工作人员子女办的幼儿园。我组织了幼儿园，领导着它。我很熟悉许多学前儿童并喜欢他们。经验不多，但毕竟有一些。

注释

[1]　在这里，"生活的通行证"指的是在当时的社会主义苏联生活所必须具备的学识、经验、技能等方面的条件。——译者注

[2]　从马卡连柯的其他论述中可以看到，马卡连柯在否定"指望"教师的"天才"、力图提高教育技艺的作用的同时，他并不否定教育天才的作用。——俄文本编者注

[3]　马卡连柯不要作为行政工作人员的助手，但与此同时，在集体工作的各个方面他都有助手，这些助手来自优秀的教师、教导员，他们因自己的额外工作而得到额外的收入。——俄文本编者注

[4]　在苏联，这是指达到一定水平的射手。——译者注

[5]　在高尔基工学团和捷尔任斯基公社中，温室不仅具有审美意义，还具有经济意义；学员们栽种蔬菜，为花卉商店提供鲜花。——俄文本编者注

图书在版编目(CIP)数据

家庭和儿童教育/(苏)马卡连柯著;丽娃译.——
3 版.—上海:上海人民出版社,2016
(世界教育名著译丛)
ISBN 978-7-208-13661-8

Ⅰ.①家… Ⅱ.①马… ②丽… Ⅲ.①儿童教育-家
庭教育 Ⅳ.①G78

中国版本图书馆 CIP 数据核字(2016)第 040242 号

责任编辑 任俊萍
封面装帧 张志全

家庭和儿童教育

(第三版)

[苏]A.C.马卡连柯 著
丽 娃 译
世 纪 出 版 集 团
上海人民出版社出版
(200001 上海福建中路 193 号 www.ewen.co)

世纪出版集团发行中心发行 江苏江阴金马印刷有限公司印刷
开本 890×1240 1/32 印张 7.25 插页 5 字数 143,000
2016 年 3 月第 3 版 2016 年 3 月第 1 次印刷
ISBN 978-7-208-13661-8/G·1785

定价 42.00 元

Антон Семенович Макаренко
СОЧИНЕНИЯ
В СЕМИ ТОМАХ
Том четвертый
Сдано в набор 6/VI 1957г.
Нзд-во АПН РСФСР, Москва